모나돌로지와 사회학

# 모나돌로지와 사회학

### 모나돌로지에서 신모나돌로지로

가브리엘 타르드 지음
이상률 옮김

이책

# 사회적인 것에 대한 또 하나의 과학?

• • •

브뤼노 라투르*

이 책은 기이한 모습을 보여준다고 단언할 수밖에 없다. 사람들이 이 책을 읽어보라고 나에게 처음 주었을 때, 나는 웃기는 책이라고 생각했다는 것을 기꺼이 고백한다. 어떤 사회학 책이 정말로 별자리와 미생물에 대해 말하겠는가? 누가 중국을 평평한 넓은 물체에 비유하겠는가? 또는 라이프니츠나 다윈과 똑같은 호흡으로 말하겠는가? 누가 낮은 계급에 의한 상층 계급의 모방을 예로 들어 가장 사변적인 철학을 설명하겠는가? 누가 존재론의 기초를 존재 대신에 소유에 놓으려고 하겠는가?

---

* Bruno Latour, Eine andere Wissenshaft des Sozialen? Vorwort zur deutschen Ausgabe von Gabriel Tardes Monadologie und Soziologie, Suhrkamp, 2009, pp.7-15.

프랑스의 모든 뒤르켐 독자처럼 나도 《자살》[1]에서 가브리엘 타르드에 대해 폐기처분하는 논평을 읽을 때 동정심 같은 것을 느꼈다. 그것은 학문의 역사에서 패자에 대한 동정심이었다. 이 특이한 작은 책이 나는 처음엔 현실은 합리적이며, 또한 역사에 의해 끝난 것으로 정리된 그런 것들은 그 정도의 대우밖에 받지 못한다는 하나의 폭넓은 증거라고만 생각했다. 이 텍스트에 있는 모든 것은 내가 보기에 이때가 과학의 요람기라는 것을 증명하였다. 말하자면 이때는 과학이 급진적인 인식론적 단절을 통해 마침내 실증과학으로 정착해서 머리를 높이 쳐들며 "과학으로의 확실한 항로"에 도달하기 전의 시대였다. 나는 이 진기한 책을 다시 부활시키고자 한 프랑스 출판인에게 다음과 같이 말하였다: "아주 좋습니다. 이 짧은 텍스트의 출간은 확실히 19세기의 사상 세계를 잘 알 수 있게 해 줄 것입니다." 나는 이 텍스트가 20세기에 사회학의 기초를 새로 세우는 데 기여할 수 있다고는 한 순간도 생각하지 않았다.

그렇지만 내 생각이 틀렸다. 1893년에 발표되고 1895년 《사회학 논문집》에 다시 출간된 이 텍스트에서 타르드는 100년 내내 사회학의 지배적인 패러다임이 된 것의 대안을 빠르게 스케치하고 있다. 망각 속에 빠진 이 샛길이 백 년 후 이제는 아주 엄청난 생생함과 올바름

---

[1] 다음을 참조하라. Émile Durkheim, 《Der Selbstmord》, Sebastian und Hanne Herkomme 번역, Frankfurt am Main, 1983.

속에서 귀환을 신고하고 있다. 20세기에는 완전한 패배를 당할 수밖에 없었고 어떤 의의도 없었지만, 21세기에는 어떠한 것도 그가 그 모든 영향력을 펼치는 것을 막지 못할 것이다.

1903년 12월 에밀 뒤르켐은 사회고등연구원École des Hautes Étude Sociales에서 행한 논쟁에서 자기보다 15살이 더 많은 콜레주 드 프랑스 교수 가브리엘 타르드에게 대놓고 맞섰다. 타르드는 그때 – 이 말의 아주 진정한 의미에서 – 목숨이 위태로웠다. 1년도 못돼 그는 61세의 나이로 죽었으며, 그의 명성은 상당하긴 했지만 제1차 세계대전을 넘지 못했다. 이 논쟁을 직접 목격한 사람들에게는 아주 분명했다. 즉 그것은 마침내 확립된 사회적인 것의 과학과 산문Prosa의 투쟁이었다. 달리 말하면 20세기와 19세기의 투쟁이었다. 뒤르켐이 이겼다. 타르드는 케이오패 했다. 모방, 여론 및 범죄학에 대한 그의 저작들이 여전히 사회심리학에 영감을 주었고 커뮤니케이션학에는 원천으로 이용되었다. 하지만 사회학에서는 그의 저작을, "사회적인 것에 의한 설명"에나 마땅히 어울리는 그런 자리를 개인심리학에 준 실패한 시도로만 기억하였다. 이런 비난은 완전히 부당할 것이다. 타르드가 생각한 것은 결코 그가 내內심리학Intrapsychologie이라고 부른 개인심리학이 아니라, 오로지 간間심리학Interpsychologie 즉 사회학이었다. 그럼에도 불구하고 그 비난이 교과서마다 변함없이 계속 전해지고 있다.

문제는 두 사회학자 간의 완전한 오해다: 뒤르켐은 타르드가 심리학주의와 개인주의라고 덮어 씌웠으며, 반면에 타르드는 개인과 사회의 대립을 인정하기를 완전히 거부하였다. 하지만 이 대립이 백 년 내내 지배하게 된다. 타르드는 이 대립이 완전히 불모不毛라고 간주한다. 왜냐하면 그는 그 대립에 해결의 실마리라도 있다고 보는 것을 거부하기 때문이다. 실제로 그에게는 개인도 사회도 없다. 사회학자는 오히려 전혀 다른 현상에 주의를 기울여야한다. 그런데 이 현상은 결코 "사회적인 것" 또는 "심리적인 것", "거시" 또는 "미시", "구조" 또는 "요소"라는 반드시 거쳐야 할 범주들을 지나가지 않는다. 이 현상(그는 이것을 "모방"이라고 부른다)은 전염으로, 즉 영향, 파동, 반복, 확대로 정의된다. 그 현상이 없다면 우리는 실제로 사회적인 것을 다루게 되거나 아니면 개인적인 것을 다루게 된다. 타르드는 뒤르켐이 사회적인 것에 대한 그의 설명을 마련하기 위해 이용하는 성분을 처음부터 거부한다. 사회는 아무 것도 설명하지 못한다. 사회는 개인들 밖에 있는 것이 아니다. 게다가 개인들도 존재하지 않는다 … 또한 사회도 인간에 국한되지 않는다. 뒤르켐과 타르드가 일치할 수 없었다는 것이 분명히 보인다. 두 사회학자 중 한 사람은 너무 지나쳤다!

그러나 타르드가 (일시적으로) 지긴 했지만, 그 경쟁에 걸려 있는 것들을 깊이 생각해 보고 싶다: 그는 젊은 동료 교수를 만났을 때 산문의 이름으로 싸운 것이 아니라 과학적인 학문으로서 사회학의 미래의 이름으로 싸웠다. 이 텍스트에서 가장 놀라운 것은, 그것이 그 명제들의 약간 거친 성격에도 불구하고 과학적인 텍스트라는 사실이다. "가설을 세운다Hypotheses fingo"라고 그는 당당하게 외치면서 다음과 같이 부언한다: "괴상하다고 여길 위험이 있지만 지나친 생각을 해보자. 특히 이러한 문제에서는 조롱당할까 두려워하는 것이 가장 반反철학적인 감정이 될 것이다."[2] 뒤르켐과는 달리 타르드는 사회학이 철학에서 벗어나야 한다고는 믿지 않았다. 형이상학 없이 사회학은 없다. 따라서 라이프니츠와 그의 모나드들은 다윈과 마찬가지로 결실을 맺는 가설을 가능하게 할 수 있다(타르드는 동시대의 모든 사람들과 마찬가지로 다윈의 열렬한 독자였다). 그는 사람들이 사회적인 것의 본질에 관심을 갖기를 바랬다. 그가 라이프니츠에게서 찾는 것은 사회 개념을 유기체의 모든 발전단계와 종류에 일반화하는 것이다: "그러나 이것은 우선 모든 사물이 사회이며 모든 현상이 사회적 사실이라는 것을 의미한다. 그런데 주목할 만한 것은 ─ 게다가 지금까지 말한 일련의 논리를 통해 보면 ─ 사회 개념을 이상할 정도로 일반화하는 경향이 있다는 것이다. 과학은 우리에게 동물사회(이에 대해서는 에스피나스 씨의 훌륭한 책을 보라), 세포사회에 대해 말하고 있는데, 원자사회에 대해서 말하면 왜 안 되는가? 태양계와 별들의 체계인 천체사회를 잊을 뻔했다. 모든 과학이 사회학의 분과 학문이 될 운명에 있는 것 같다"(이 책 58쪽). 프랑스 전통에서 보면 이것은 아주 기이한 느낌을 줄지도 모른다. 그렇지만 독일어로 번역했다면 즉 자연철학의

───────

[2] 이 책 69쪽 이하를 참조하라.

말을 빌렸다면 그것은 훨씬 덜 놀라운 것으로 보였을 것이다. 그렇지 않아도 그 같은 가설들은 21세기 초에 환경 위기에 맞닥뜨린 사람들에겐 그토록 유별난 것이 아니라는 인상을 준다. 사회 개념의 확대는 우리가 보기에 이미 자명해졌다.

타르드는 형이상학을 별로 두려워하지 않기 때문에, 그는 존재론을 새로 규정하기 위해 멀리 나간다! 존재론은 종종 "존재의 학學"으로 번역된다. 타르드는 전혀 그렇지 않다고 말한다: 그것은 오히려 "소유의 철학"이 되어야 한다. 왜? 그것이 한편으로는 요소를 다른 한편으로는 전체를 정의하려고 하자마자 쌓이는 저 아포리아Aporien[해결이 곤란한 문제]를 제쳐놓는 유일한 수단이기 때문이다. 라이프니츠의 모나드들은 완전히 자기만을 위해 존재할 수 있는 동시에 세계 전체와 공모할 수 있다. 그에게는 이 엄청난 모순을 해결하는 신이 있기 때문이다. 그러나 타르드에게는 신도 없고 목적인causa finalis도 없다. 모나드들이 결합한다면, 우리는 결국 동일성과 관계 사이에서의 선택과는 전혀 다른 선택에서 시작하지 않으면 안 된다. 동일성과 관계 사이에서의 이 선택은 존재철학의 강박관념이다. 그 선택은 한편으로는 의무로 내세워지지만 다른 한편으로는 소위 극복할 수 없는 모든 모순을 결과로 얻는다. 그런데 운이 없는 사회학은 그 모순의 유산에 다가가지 않을 수 없었다. 따라서 타르드의 급진적인 해결책은 존재 개념을 소유 개념으로, 동일성을 속성으로, 자율성을 소유로 대체하는 것이다! "사회란 무엇인가? 우리 관점에서는 사회를 다음과 같이 정의할 수 있을 것이다. 즉 사회란 각자가 대단히 다양한 형태로 다른 모든 사람을 상호적으로 소유하는 것이다."(이 책 101쪽). 바로 이 해결책이 질 들뢰즈를 완전히 사로잡았다.: 타르드는 모순성을 필요로 하지 않는다. 그에게는 차이로 충분하다! 변증법의 원동력인 모순성은 좋지 못한 존재론의 결과에 불과하다. "있다être와 있지 않다n'être pas 사이에 중간은 없다. 반면에 [소유의 경우에는] 많이 가질 수도 있고 적게 가질 수도 있다. 있다être와 없다non-être, 나moi와 내가 아닌 것non-moi, 이런 것들은 결실을 맺지 못하는 대립으로 진정한 상관관계를 잊어버리게 한다. 나moi와 진짜 대립하는 것은 내가 아닌 것non-moi이 아니라 나의 것mien이다. 있다 즉 가지고 있다와 진짜 대립되는 것은 없다가 아니라 가진 것l'eu이다"(이 책 104쪽 이하). 존재론을 바꾸고 변증법("옛날 독일 관념론자들의 성과 없는 공동 방목장")을 제쳐 놓는다면, 마침내 진지하게 사회학을 할 수 있게 될 것이다 … 타르드의 사회학(그 철학적 표현이 본 텍스트다)은 사회과학의 상식이 된 것과 대조를 이루기 때문에, 그것을 이해하기는 어렵다. 그 이유를 다음과 같이 규명할 수 있다:

- 변화를 이해하기 위해 우리는 불변적인 것에서 출발한다. 그러나 타르드는 정반대로 한다: 불변적인 것은 여기서는 변화의 부분적이며 일시적인 경화硬化에 불과하다.
- 요소의 의미를 알기 위해 우리는 먼저 구조를 분석한다. 타르드는 이것

도 근본적인 오류라고 간주한다. 그는 구조를 요소들 중 어느 하나가 일시적으로 극단에 달한 효과에 지나지 않은 것이라고 보기 때문이다.

— 현상을 이해하기 위해서는 그 현상을 일반화해 그것이 복종하는 일반적인 법칙을 탐구하는 것이 당연하다. 하지만 법률가 타르드는 "법칙"에 대한 이 기이한 관념을 조롱한다. 법칙은 어떤 권위자에게서도 생겨나지 않기 때문이다. 그는 법칙을, 이것에 조금도 복종하지 않는 다수의 존재들의 단순화한 집합에 불과한 것으로 본다.

— 진실로 과학적인 저작을 쓰기 위해서는 큰 것에서 시작해서 작은 것을 설명해야 한다. 이와 반대로 타르드는 항상 더 없이 작은 것에서 시작할 것을 권한다. 그것은 또한 가장 이질적인 것, 설명력이 가장 강한 것, 가장 투쟁적인 것이기도 하기 때문이다. 그는 큰 것을 단지 그것을 구성하는 잡다한 것들의 캐리커처 같은 축소[단순화]로만 여긴다.

— 진정한 학자는 유사는 규칙으로 그리고 차이는 예외로 간주해야 한다. 하지만 이것은 타르드가 보기에 내용과 형식의 관계에 대한 완전한 착오를 나타낸다: 차이가 규칙이며("존재한다는 것은 차이가 있다는 것이다"), 동일성은 언제나 부분적이며 일시적인 예외에 불과하다.


"구조" 개념에 대한 가차없는 비판이 아마도 타르드에게서 가장 독창적인 것일 것이다. 그리고 그것은 여전히 어떤 결론도 전혀 이끌어낼 수 없는 것이다: 내가 생각하기에, 그는 "큰 것"을 "작은 것"의 단순화 또는 과장 이외의 다른 것으로 보기를 거부한 유일한 사회학자다.

그의 주장을 이해하기 위해서는 우리의 모든 사고 습관과 관계를 끊어야 한다. 우리가 "구조"라고 부르는 것은 우리가 사물을 멀리서 전체적으로 고찰할 때 우리의 무지에서 나오는 것에 불과하다! 그렇지만 우리가 사물을 가까이서 자세히, 따라서 어느 정도 안에서 고찰할 때는, 거기에는 구조 같은 것이 어디에도 없다는 것을 우리는 우리 자신의 눈으로 보게 된다. 이것이 인간 집단의 장점이다: 사람들은 인간 집단에 구조가 있다고 우리를 속일 수 없다. 왜냐하면 그것은 사실이 아니라는 것을 우리 자신이 너무 잘 알기 때문이다. "그렇지만 그 어떤 사회집단이 아무리 친밀하고 깊이 조화를 이루고 있어도, 단순히 비유가 아니라 실제적인 집합적 자아_moi collectif_가 신기한 결과로서(그 구성원들이 단지 그 조건에 불과한 결과로서) 구성원들 사이에 놀랍게도 느닷없이 나타나는 것을 우리는 결코 볼 수 없다. 집단 전체를 대표하고 상징하는 한 명의 구성원이나, 각자가 특수한 측면에서 집단을 완전히 똑같이 개별적으로 표현하는 소수의 구성원들(한 나라의 장관들)은 아마도 언제나 있을 것이다. 그러나 이 우두머리나 우두머리들도 역시 언제나 그들의 부모에게서 태어난 집단 구성원이지, 그들의 신하나 피통치자에게서 집단적으로 태어난 것이 아니다"(이 책 73쪽). 이것은 인간사회의 특권이다. 이 점에서는 사람들이 우리에게 말할 수 있는 것이 없다! 그러나 이때 잘못 생각하지 않는다면, 즉 우리가 원자사회, 동물사회, 천체사회 같은 다른 사회를 안에서 가까이 또 자세히 관찰할 수 있다면, 아주 똑같은 일이 생겨날 것이다. 타르드가 자연과학과 사회과학 사이에 실제로 인정한 차이는 단 하나다. 즉 전자는 다수의 모나드를 멀리서 관찰할 수밖에 없는데 반해 인간은 – 그 수가 훨씬 적기 때문에 – 가까이서 관찰할 수 있다는 차이다. 얼마나 놀라운 역설인가? 언제나 멀리서만 볼 수 있는 다른 결합체보다 인간 결합체의 경우에는 훨씬 더 과학적으로 조치를 취할 수 있다.

　그리고 이것이 뒤르켐이 끊임없이 조롱하면서 그가 비과학적이라고 비난한 계획이다?! 이것은 마치 티와 들보의 비유의 경우 같다.* 특히 타르드가 그의 논적보다 훨씬 더 강하게 양화 가능성을 믿을 때 그러했다. 비록 그가 이것을 놀랍게도 본 텍스트에서는 언급하지 않았지만 말이다. 사실 모나드들은 완전히 양화할 수 있다. 그것들은 서로를 다소간에 소유하는 동안 욕망과 믿음의 강도에 의해 정의되기 때문이다. 적절한 저울, 측정기, 또는 자동기록 계기를 지닌다고 가정한다면, 그 강도를 계산할 수 있을 것이다. 타르드는 법무부의 통계국을 이끌었으며 유럽 전체에서 범죄학 문제를 논의했기 때문에, 그에게는 사회과학의 "문학적인"(즉 오래 전부터 시대에 뒤진) 단계에 머물러 있는 과학 이전以前의 정신vorwissenschaftlichen Geist이 하나도 없다. 그는 오히려 과학의 이름으로 싸운다고 확신하였다. 과학적으로

---

* "어찌하여 형제의 눈 속에 있는 티는 보고 네 눈 속에 있는 들보는 깨닫지 못하느냐"(누가복음 6장 41절).

연구하는 데 그에게 부족한 것은 그의 연구대상과 일치하는 양화 방법뿐이었다. 그것은 우리가 오늘날 디지털화 덕분에 사용할 수 있는 방법인데, 이 방법으로 우리는 – 나는 이것을 굳게 확신한다 – 타르드의 대담한 가설들을 매우 진지하게 받아들일 수 있다.

없다. 결코 없다! 역사가 사상가들을 가려내는 방식 중에서 급하게 내려진 것에는 확고한 정당성이 없다. 현실은 합리적이지 않다. 그러므로 타르드는 우리에게 새롭게 사고하도록 자극할 수 있다.

# 차례

일러두기

1. *로 표시된 각주는 옮긴이 주에 해당합니다.
2. 본문 중 ①, ②, ③ 등은 원주이고, 1, 2, 3 등은 옮긴이 주에 해당합니다.
3. 본문 중 [ ] 안의 내용은 원문 번역이 아니라 옮긴이 주에 해당합니다.

＂

나는 가설을 만든다[1]

＂

I

라이프니츠의 딸들인 모나드들은 태어난 이후 계속 전진하였다. 과
학자 자신도 모르는 사이에, 모나드들은 여러 독립된 길을 통해 현대
과학의 심장 속에 스며들고 있다. 주목할 만한 사실은, 라이프니츠적
인 의미에서는 아니더라도 본질적인 점에서 이 위대한 가설에 함축
된 모든 부차적인 가설이 과학적으로 증명되고 있다는 것이다. 사실

---

1 뉴턴은 《자연철학의 수학적 원리Philosophiae Naturalis Principia Mathematica》(1687년 출간) 마지
막 부분에서 다음과 같이 말한다:"나는 가설을 만들지 않는다hypotheses non fingo. 왜냐하면 현
상들로부터 이끌어내지 않은 것은 무엇이나 가설이라고 할 수 있는데, 가설은 형이상학적인 것
이든 물리적인 것이든 또 신비로운 것이든 기계적인 것이든 간에 어쨌든 실험철학 속에는 들어
올 수 있는 것이 아니기 때문이다." 이 말은 뉴턴이 실험적이며 귀납적인 태도를 강조한 것으로
서, 아리스토텔레스 이래로 강조되어온 연역적 방법과 극명하게 대비된다. 타르드는 뉴턴의 이
"나는 가설을 믿들지 않는다"는 말을 염두에 두고 "나는 가설을 만든다hypotheses fingo"고 한
것으로 보인다.

이 위대한 가설은 무엇보다도 물질과 정신이라는 두 실체가 단 하나로 환원되어 정신 속에서 융합된다는 것과, 또한 완전히 정신적인 세계 동인動因들이 놀라울 정도로 늘어난다는 것을 동시에 함축하고 있다. 달리 말하면, 그 가설은 요소들의 비연속성과 그 존재의 동질성을 전제하고 있다. 게다가 이 이중적인 조건에서만 지성이 우주의 밑바닥까지 투명하게 볼 수 있다. 그렇지만 한편으로는 수없이 조사해 보았지만 깊이를 알 수 없다고 여긴 나머지, 운동과 의식, 대상과 주체, 기계적인 것과 논리적인 것을 분리시키는 심연은 결국 의심받아 표면상의 것으로 간주되었고 마침내는 매우 대담한 사람들에 의해 부정되었다. 그리고 이들은 어디서나 공감을 얻었다. 또 다른 한편으로 화학의 진보는 우리에게 원자를 인정하고 물질의 연속성을 부정할 마음이 생기게 한다. 물리계나 생물계에서 명백히 나타나는 물질의 연속적인 성격, 즉 연장, 운동, 증가가 피상적으로는 드러나는 것 같았다. 근본적으로 화학물질이 중간 비율은 배제한 채 일정한 비율로 결합되는 것만큼 놀라운 일은 없다. 여기서는 어떤 진화도 어떤 천이遷移도 없다. 모든 것이 명확하고 갑작스럽다. 그리고 그 모든 것이 분명하게 구분된다. 그렇지만 현상에서 유동적인 것, 즉 조화를 이루며 점진적으로 변하는 것은 거기에서 생겨난다. 이는 색깔의 비연속성이 없다면 뉘앙스의 연속성이 불가능한 것과 거의 같다. 그러나 화학만이 진보하면서 우리를 모나드로 향하게 하는 것 같지 않다. 물리학, 자연과학, 역사학, 심지어는 수학도 마찬가지다. 랑게Friedrich A.

Lange[2]는 말한다:"뉴턴의 가설이 매우 중요한 이유는 한 천체의 중력이 그것을 구성하는 모든 물질의 중력의 합에 지나지 않는다는 것을 분명히 한 데 있다. 여기에서, 지상의 물체들은 서로 잡아당기며 게다가 그것들의 가장 작은 분자들도 마찬가지라는 결론이 바로 나왔다." 겉으로 보이는 것보다 훨씬 더 독창적인 이러한 견해로 뉴턴은 천체의 개체성을 부수고 완전히 없애버렸다. 천체는 그때까지는 그 내부 관계가 다른 천체와 관련해서 여하한 점에서도 유사하지 않은 뛰어난 통일체로 간주되었다. 이 표면상의 통일성을 수많은 별개의 요소로 분해하는 데에는 위대한 정신력이 필요했다. 이 요소들은 다른 집합체의 요소들과 연결되어 있을 뿐만 아니라 자기들끼리도 연결되어 있기 때문이다. 이러한 관점이 그 반대의 편견을 대신한 날부터 물리학과 천문학의 진보가 시작되었다.

이러한 점에서는 세포이론의 창시자들이 뉴턴의 후계자 모습을 나타냈다. 이들도 마찬가지로 생물체의 통일성을 부수었다. 그들은 이 통일성을 엄청나게 많은 기초적인 유기체로, 즉 그 각각이 서로 떨어져 있으면서 외부를 이용해 발전하고 싶어하는 이기적인 유기체로 분해하였다. 이때 그 외부란 상호부조하는 이웃 세포들뿐만 아니라 공기, 물, 그 밖의 다른 물질의 무기적인 입자도 뜻한다. 이 점에서는 슈

---

2 독일의 철학자(1828-1875). 《유물론의 역사와 현대에서의 그 의의에 대한 비판Geschichte des Materialismus und Kritik seiner Bedeutung in der Gegenwart》(1866)을 저술해 유물론 및 형이상학과 대결하고, 19세기 말 신칸트 운동의 선구자가 되었다.

반Theodor Schwann[3]의 견해도 뉴턴의 견해 못지않게 생산적이었다. 그의 세포이론 덕분에 우리는 다음과 같은 것을 알게 되었다:"물질과는 구분되는 원리로서의 생명력은 유기체 전체에도 각각의 세포에도 존재하지 않는다. 식물이든 동물이든 모든 생명 현상은 원자들의 속성(이른바 원자를 구성하는 마지막 요소들)으로 설명하지 않으면 안 된다. 그 속성이 불활성 자연의 알려져 있는 힘이든 지금까지 알려져 있지 않은 힘이든 상관없다." 생명원리의 이 근본적인 부정만큼 확실하게 실증주의적인 것은 없으며, 또 건전하고 진지한 과학에 적합한 것도 없다. 통속적인 정신주의는 그러한 부정에 항의하는 버릇이 있지만 말이다. 그렇지만 끝까지 밀고나간다면 이 경향이 우리를 어디로 데리고 가는지는 분명하다. 라이프니츠 정신주의의 가장 대담한 소원을 들어주는 모나드들로 데리고 간다. 고대 의사들이 하나의 인격으로 취급한 또 다른 실체인 질병도 생명원리와 마찬가지로 조직학적인 요소들의 무한히 작은 무질서로 분해되었다. 게다가 특히 파스퇴르Louis Pasteur[4]의 발견 덕분에 질병에 대한 기생균이론은 ― 이 이론은 그 무질서를 매우 작은 유기체들 간의 내부갈등으로 설명한다 ― 나날이 일반화되고 있는데, 심지어는 반발을 일으킬 정도로 지나치게 일반화되고 있

---

3 독일의 생물학자이자 해부학자(1810-1882). 동물생리학자 M. J. 슐라이덴과 함께 모든 생물체는 세포로 되어 있다는 세포설을 주장하였다.

4 프랑스의 미생물학자(1822-1895). 질병과 미생물을 최초로 명확하게 연결해 전염성 질병의 원인이 병원성 미생물이라는 학설을 완성하였다.

다. 그러나 기생균들도 역시 그것들의 기생균을 갖고 있다. 이하 마찬가지다. 다시 무한소다!

새로운 화학이론도 비슷한 길을 통해 형성되었다. 위르츠Charles Adolphe Wurtz[5]는 말한다: "이것이야말로 본질적이며 새로운 것이다. 우리는 유리기遊離基[6]의 속성을 원소들로까지 거슬러 올라가 설명한다. 전에는 유리기가 덩어리로 간주되었다. 전체로 여겨진 유리기에 결합하는 힘이나 단순한 물체를 대신하는 힘이 있다고 생각했다. 이것이 제라르Charles Frédéric Gerhardt[7]의 형型이론의 기본적인 관점이었다. 오늘날에는 더 멀리 나간다. 유리기의 속성을 발견하거나 정의하기 위해, 그것을 구성하는 원자들로 거슬러 올라간다."(《원자이론Théorie atomatique》, p.194.) 이 뛰어난 화학자의 생각은 방금 말한 것보다 더 멀리 나간다. 그가 인용한 예에서 나오는 결론은 다음과 같은 것이다. 즉 유리기를 구성하는 원자들 중에는, 그 원자성(다른 것들을 다 채운 다음에도 여전히 만족하지 않는 고유한 탐욕성)이 그 행해진 결합의 최종적인 존재이유가 되는 원자 하나가 특별히 있다는 것이다.

천체, 생물 개체, 질병, 화학의 유리기와 마찬가지로, 국민도 소위 철학자적인 역사가들의 야심에 차 있지만 결실을 맺지 못하는 이론

---

5 독일 출신의 프랑스 화학자(1817–1884), 유기화학에 큰 업적을 남겼다.
6 유리기란 동식물의 체내 세포들의 대사과정에서 생성되는 산소화합물을 말한다.
7 프랑스의 유기화학자(1816–1856), 그는 분자란 특정한 기불 끼리의 결합이 아니라 전일체수─體라고 하는 전일성수─性 이론을 주장하였다.

에서는 오랫동안 진정한 존재로 간주되어온 실체나 다름없다. 예를 들면 정치혁명이나 사회혁명의 원인을 저술가, 정치인, 갖가지 종류의 발명가의 두드러진 영향에서 찾는 것은 어리석은 짓이며, 그 혁명은 민족성에서, 즉 익명적이며 초인적인 행위자인 국민의 깊숙한 곳에서 자연 발생적으로 생겨났다고 상당히 반복해서 말하지 않았는가? 그러나 이 편리한 관점은 일시적으로만 좋을 뿐이다. 그 관점은 현실의 존재들이 만나 불러일으킨 실제로 새로운 현상, 게다가 예상치 못한 현상에서 어떤 새로운 존재가 만들어지는 것을 잘 보지 못하기 때문이다. 그렇지만 이 관점이 문헌에서 빠르게 남용되어 기진맥진 해버리자, 그것은 보다 분명한 실증적인 설명방식으로 진지하게 돌아가고 있다. 이 설명방식은 그 어떤 역사적 사건도 개인의 행위로만 설명하기 때문이다. 특히 사회체의 모세포처럼 다른 사람들에게 본보기 역할을 하면서 수많은 표본으로 재생산된 발명적인 인간들의 행위로 설명하기 때문이다.

이것이 전부는 아니다. 모든 과학이 도달하는 마지막 요소, 즉 사회의 개인, 생물의 세포, 화학의 원자는 그 각각의 과학에서 볼 때만 마지막 것이다. 그것들 자체도 우리가 아는 것처럼 복합체다. 원자라고 해서 예외가 아니다. 톰슨Joseph John Thomson [8]의 소용돌이 원자 가

---

[8] 영국의 실험 물리학자(1856–1940). 1897년 전자를 발견하였는데, 이 발견은 원자보다 미소한 물질의 구성요소의 발견으로서 원자 구조 연구에 중요한 기여였다. 그는 원자 구조에 대한 지식을 혁명적으로 변화시킨 공로로 1906년 노벨 물리학상을 받았다. 소용돌이vortex 원자 모형

설에 따르면 원자는 소용돌이 치는 다수의 단순한 원소로 이루어져 있다고 하는데, 이 가설은 이 주제에 대해 시도된 추론 중에서 가장 그럴듯한 것이거나 가장 많이 받아들이지 않을 수 없는 것이다. 태양과 별의 스펙트럼에 대한 로키어Joseph Norman Lockyer[9]의 연구는 그에게 다음과 같은 사실을 그럴듯한 것으로 가정하게 하였다. 즉 자신이 관찰한 몇몇 약한 선은 우리가 지구상에서 더 이상 분해할 수 없는 것으로 간주하는 물질의 구성원소에서 나온다는 것이다.

소위 원소들과 친숙한 관계를 맺으며 사는 과학자들은 그것들의 복잡성을 의심하지 않는다. 위르츠는 톰슨의 가설에 호의적인 태도를 나타내지만, 베르틀로Marcelin Pierre Eugène Berthelot[10]씨는 자기 나름대로 다음과 같이 말한다:"현재의 단순한 물질을 구성하는 원소 덩어리에 대한 깊은 연구는 나날이, 그 원소 덩어리를 더 이상 분할할 수 없고 동질적이며 아울러 전체의 운동밖에는 검증할 수 없는 원자들과 동일시하는 것이 아니라, 특수한 방식으로 구성되고 매우 다양한 내부운동으로 움직이는 아주 복잡한 구조물과 동일시하는 경향이 있다." 또 한편으로 생리학자들도 원형질이 동질적이라고는 생각하지

---

가설은 그가 1882년 제안한 것이다.

**9** 영국의 천문학자(1836-1920), 1866년 태양 흑점과 코로나의 분광을 측정했으며, 1868년에는 태양 홍염 관측법을 새롭게 창안하여 태양 관측에 새로운 장을 열었다. 또한 태양 홍염을 관측하던 중 미지의 스펙트럼선이 있음을 발견하고, 그 스펙트럼선을 내는 원소에 헬륨이라는 이름을 붙였다.

**10** 프랑스의 화학자(1827-1907), 유기화학 반응 합성, 열화학을 연구하고 열량계를 발명하였다.

않는다. 그리고 그들은 세포에서는 고형固形 부분만이 활동적이며 진짜 살아있다고 판단한다. 용해되는 부분은 거의 전부가 연료와 영양을 비축한 것 (또는 배설물 더미)에 불과하다. 또한 우리가 더 잘 알게 된다면, 고형 부분에서조차 아마도 거의 모든 것이 제거될 것이다. 그리고 제거를 거듭하다 보면, 우리가 기하학적인 점 즉 순수한 무無에 도달하지 않는다면 어디에 도달하겠는가? 그 점이 하나의 중심이 아닌 한에서는 말이다. 이에 대해서는 나중에 설명할 것이다. 그리고 사실, 진정한 조직학적 요소에서(이것을 세포라는 말로 가리키는 것은 상당히 잘못된 것이다) 고찰해야 할 본질적인 것은 그 경계나 외피가 아니라 그 중심점이다. 외부 장애물의 잔인한 경험이 이 중심점에게 자신을 보호하기 위해 스스로 닫지 않을 수 없게 할 때까지, 그 중심점은 무한히 방사하기를 갈망하는 것 같다. 그러나 여기서는 우리가 지레짐작하고 있다.

무한소로까지 향하는 이 경향을 멈추게 할 수 있는 방법은 없다. 무한소는 확실히 예상치 못한 것으로 우주 전체의 열쇠가 된다. 미적분의 중요성이 증가하는 이유는 아마도 여기에 있을 것이다. 진화론이 일시적으로 빛나는 성공을 거둔 것도 똑같은 이유 때문이다. 기하학자라면 다음과 같이 말할 것이다. 즉 이 진화론에서는 하나의 특정한 유형이란 개체변이라고 불리는 무수한 차이의 집적[적분]l'intégral이며, 이 개체변이 자체도 세포의 변이에 기인하는데 이 변이의 밑바탕에서는 무수히 많은 요소의 변화가 일어난다고 말할 것이다. 유한

한 것, 즉 구분되는 것의 기원, 그 존재이유, 그 근거는 무한히 작은 것, 지각할 수 없는 것에 있다. 이것이 라이프니츠에게 영감을 준 깊은 확신인데, 이 확신은 우리의 생물변이론자들에게도 영감을 주고 있다.

그런데 그러한 변화를 분명하고 뚜렷한 차이의 합으로 묘사한다면 이해할 수 없지만, 이 변화를 무한히 작은 차이의 합으로 간주한다면 왜 쉽게 이해되는가? 우선 이 대비가 진짜 그렇다는 것을 보여주자. [예를 들면] 장소 A에 있었던 물체가 기적처럼 사라져 없어지고 1m 떨어진 장소 Z에 ─ 중간 위치를 거치지 않은 채 ─ 나타나 다시 생겨났다고 가정해 보자. 우리의 정신은 그러한 이동을 받아들일 수 없다. 그렇지만 그 물체가 A에서 Z로 그 두 지점을 잇는 선을 따라 이동하는 것을 볼 때는 우리는 전혀 놀라지 않는다. 그렇지만 여기서 주목해야 할 것은, 우리가 문제의 갑작스런 사라짐과 갑작스런 재출현이 50cm, 30cm, 20cm, 10cm, 2cm 또는 그 어떤 식별할 수 있는 밀리미터의 거리에서 이루어지는 것을 보았어도, 첫 번째 예에서의 우리의 놀람은 전혀 줄어들지 않았을 것이라는 사실이다. 우리의 상상력은 아니더라도 우리의 이성은 첫 번째 경우와 마찬가지로 마지막 경우에 대해서도 놀랄 것이다. 마찬가지로 누군가가 매우 멀든 매우 가깝든 간에 별개의 두 생물종을 ─ 버섯과 꿀풀이든 같은 속屬에 속하는 두 종의 꿀풀이든 상관없이 ─ 우리에게 제시한다면, 어느 경우든 우리는 한 쪽이 돌연히 중간 단계 없이 다른 쪽이 될 수 있었다는 것을 결코 이해하지 못할 것이다. 그러나 누군가가 우리에게 한 쪽의 수태된 난세포가 교잡交雜 덕분에 그 통상적인 경로에서의 일탈 — 처음에는 극도로 미미하지만 그 후 점차 커진 일탈 — 을 겪었다고 말한다면, 우리는 그것[한 쪽이 다른 쪽이 될 수 있었다는 것]을 인정하는데 아무런 어려움이 없을 것이다. 첫 번째 가설을 받아들일 수 없는 것은 관념연합association d'idées을 통해 우리에게 형성된 편견 때문이라고 말하는 사람도 있을 것이다. 이보다 더 진실된 것은 없다. 그리고 그것은 이 편견이 생겨난 경험의 원천인 현실이 유한한 것을 무한소로 설명하는 것과 일치한다는 사실을 올바르게 증명한다. 왜냐하면 순수이성, 게다가 이성만으로는 그러한 가설을 결코 생각해내지 못했을 것이기 때문이다. 순수이성은 큰 것의 원천을 작은 것에서 보려고 하기 보다는 오히려 작은 것의 원천을 큰 것에서 보려고 하는 것 같다. 그리고 순수이성은, 처음부터ab initio 완전히 만들어진 완벽한 유형(갑자기 땅 덩어리를 둘러싸서 밖에서 안으로 침투하는 유형)을 믿고 싶은 생각이 들 것이다. 순수이성은 심지어 아가시Jean Louis Rodolphe Agassiz[11] 처럼 처음부터 나무들이 숲이었고 꿀벌들이 꿀벌 떼였으며 인간들이 국민이었다고 기꺼이 말할 것이다. 이러한 관점은 반대사실들의 반란에 의해서만 과학에서 금지될 수 있었다. 가장 통속적인 것만 말

---

11 스위스 태생의 미국 고생물학자이자 지질학자(1807-1873). 비교 동물학의 권위자로 물고기의 화석과 빙하를 연구하였다. 아가시는 신이 몇 가지 특수한 경우 (동물의 종과 인류의 인종)에는 창조작업을 수행했다고 추정하였다.

해도 다음과 같은 것이 있다. 즉 공간에 퍼져 있는 방대한 범위의 빛은 에테르éther[12]라는 어떤 중심 원자의 독특한 진동이 되풀이하며 전파되었기 때문이며, 한 종種의 개체군은 단 하나의 첫 번째 난세포가 놀라울 정도로 증식(일종의 생식방사)했기 때문이다. 또한 수많은 사람들의 뇌에 올바른 천문학 이론이 존재하는 이유는 뉴턴 뇌의 한 뇌세포에 어느 날 나타난 생각이 수없이 반복되었기 때문이다. 그러나 거기에서 또 다시 어떤 결과가 나오는가? 무한소가 유한한 것과 정도에서만 다르다면, 우리가 포착할 수 있는 사물의 표면에서와 마찬가지로 그 밑바탕에도 위치, 거리, 이동밖에 없다면, 유한한 영역에서는 생각할 수 없는 이동이 왜 무한소가 되면 성질이 바뀌는가? 따라서 무한소는 유한한 것과 질적으로 다르다. 운동은 그 자신과는 다른 원인을 갖고 있다. 현상이 존재 전체는 아니다. 모든 것은 무한소에서 출발하며, 모든 것은 거기로 돌아간다. 누구도 놀라게 하지 않는 놀라운 사실은, 유한하고 복잡한 것의 영역에서는 그 어느 것도 갑자기 나타나지도 갑자기 사라지지도 않는다는 것이다. 여기서 무한히 작은 것, 달리 말하면 요소l'élément가 모든 것의 원천이자 목적이며 실체이자 이유라는 것 이외에 어떤 결론을 이끌어낼 수 있는가? 물리학의 진보는 물리학자들에게 자연을 이해하기 위해 그 자연을 양화하도록

---

12 타르드시대의 물리학에서, 빛을 파동으로 생각했을 때 이 파동을 전파하는 매질로 생각되었던 가상적인 물질. 그러나 1887년 미국의 물리학자 앨버트 마이켈슨과 에드워드 몰리의 실험으로 그 존재가 완전히 부정되었다.

quantifier 이끄는 반면에, 수학의 진보가 수학자들에게 양을 이해하기 위해 그 양을 전혀 양적이지 않은 요소로 분해하도록 이끄는 것은 주목할 만하다.

지식이 증가하면서 무한소에 이처럼 점점 더 많은 중요성을 부여하고 있는데, 이는 무한소가 (모나드 가설을 배제할 경우) 그 보통 형태로는 단순한 모순덩어리인 만큼 더욱더 기이하다. 나는 그 모순을 지적하는 수고는 르누비에Charles Bernard Renouvier[13]씨에게 맡긴다. [무한소처럼] 터무니없는 것이 어떤 힘으로 인간 정신에게 세계의 열쇠를 줄 수 있겠는가? [무한소라는] 이 완전히 소극적인 관념을 통해, 우리가 매우 적극적인 어떤 관념(어쩌면 우리에게 없을지도 모르지만 그래도 우리의 지적 활동 목록에는 참고로 나타나지 않으면 안 되는 관념)에 도달하지는 못해도 그것을 목표로 삼기 때문이거나, 아니면 보지는 못해도 그것을 바라보기 때문이 아닌가? 이 터무니없는 것은 우리가 알고 있는 것과는 무관한 어떤 실재, 즉 공간, 시간, 물질, 정신 ⋯ 모든 것 밖에 있는 어떤 실재의 겉모습l'enveloppe에 불과할지도 모른다. 정신 밖에 있는가? 만일 그렇다면 모나드 가설은 거부되어야 할 것이다 ⋯ 그러나 이것은 더 검토해야 한다. 어쨌든 우리가 무한소라고 말하는 이 작은 존재들이야말로 진정한 동인動因일 것이며, 우리가 무한히 작다고 말하

---

**13** 프랑스의 철학자(1815–1903). 칸트의 비판주의를 이어받았지만, 물자체物自體, 절대자 등을 인정하지 않고 철저한 현상론現象論의 입장을 취했다.

는 이 작은 변화야말로 진정한 행위일 것이다.

지금까지 말한 것에서 다음과 같은 결론이 나오는 것 같다. 즉 그 동인들은 자율적이며, 그 변화들은 서로 협력하면서 서로 충돌하고 방해한다는 것이다. 모든 것이 무한소에서 시작한다면, 이는 하나의 요소, 단 하나의 요소가 운동이든 생물의 진화든 정신적 또는 사회적 변화든 그 어떤 변화를 주도하기 때문이다. 이 모든 변화가 점진적이라면(겉보기에는 연속적이지만), 이는 활동을 시작한 요소의 창의가 도움을 받기도 하지만 저항에 부딪혔다는 것을 보여준다. [예를 들어] 한 국가의 모든 시민이 예외없이 그들 중 한 사람의 뇌에서 (보다 자세하게 말하면 그 뇌의 어느 한 지점에서) 생겨난 정치재조직 프로그램을 전적으로 지지한다고 가정해보자. 그 계획에 따른 국가의 완전한 개조는 연속적이고 단편적이기는커녕 갑작스럽고 총체적일 것이다. 그 계획이 아무리 급진주의적이라 할지라도 말이다. 사회변화가 느린 단 하나의 이유는 의식적으로든 무의식적으로든 간에 국민 하나하나의 마음을 사로잡고 있는 다른 개혁계획들 간의 또는 서로 다른 이상국가 유형들 간의 대립에 있다. 마찬가지로 물질이 사람들이 생각하는 것처럼 수동적이고 불활성不活性이라면, 나로서는 운동(즉 점진적인 이동)이 왜 존재하는지 알 수 없다. 또한 한 유기체의 형성이 그 성숙된 단계를 즉각 실현하지 않고(배아의 충동은 처음부터 그 성숙된 상태를 목표로 삼지만) 왜 배아 단계를 반드시 거치는지도 나로서는 알 수 없다.

직선 관념이 기하학에만 있는 것이 아니라는 점에 주의하라. 생물학적 직선성도 있고 논리의 직선성도 있다. 실제로 한 점에서 다른 점으로 가는 데에는 그 사이에 있는 점들의 수의 생략이나 축소가 무한할 수는 없고 직선이라고 불리는 한계에 멈춘다. 이와 마찬가지로 어떤 특정한 형태에서 또 다른 특정한 형태로의 이행이나 어떤 개별적인 상태에서 또 다른 개별적인 상태로의 이행에는 반드시 거쳐야 할 **최소한의**(더 이상 줄일 수 없는) 형태나 상태가 있다. 이것만이 아마도 배아가 그것이 유래하는 연속적인 형태의 일부를 짧게 반복하는 것을 설명해 줄 것이다. 마찬가지로 일련의 과학에서 설명할 때, 하나의 명제에서 다른 명제로 또는 하나의 공리에서 다른 공리로 **곧바로** 가는 방식은 없는가? 그리고 그 방식은 그 사이에 반드시 있는 **논리적인 지점들**의 연쇄로 그 명제들이나 공리들을 연결하는 것으로 이루어지지 않는가? 진짜 놀랄 만한 필연성이다. 수세기에 걸친 노고를 몇 쪽으로 요약하는 초등학교 책에서는 설명할 때 이 합리적이며 직선적인 순서에 집착하거나 주의하는데, 그 순서는 항상은 아니더라도 종종, 모든 점에서는 아니더라도 많은 점에서 연속적인 발견들(모든 과학은 이것들의 종합이다)이 출현하는 역사적인 순서와 일치한다. 아마도 **개체발생**l'autogenèse은 **계통발생**la phylogenèse을 요약하는 것이라는 유명한 이론도 마찬가지일 것이다. 이것은 조상의 형태들, 즉 난세포에 대량으로 축적되어 남겨진 **생물학적 발명들**이 이전 시대에 연속해서 따라간 다소 구부러진 길을 경이로울 정도로 빠르게 지나갈 뿐만 아니라

직선화하는 것일 것이다.[14]

　진화론이 모나드 가설을 실질적으로 지지한다는 것은 더욱 분명한 것 같다. 이 위대한 체계의 새로운 형태가 아직은 분명하게 나타나지 않았지만 이미 그 윤곽이 드러나기 시작했다는 것을 고려한다면 말이다. 실제로 진화론 자체가 진화하고 있다. 진화론이 진화하는 이유는 그 진화론이 살아 있는 자연에 일반적으로 있다고 잘못 생각하는 변화순서에 따라 일련의 암중모색이나 서로 경합하는 암중모색들을 관찰된 사실에 우연히 본의 아니게 적응시켰기 때문이 아니다. 진화론이 진화하는 이유는 완전히 깨어있는 학자들이나 이론가들의 축적된 노력 때문이다. 이들은 그 근본적인 이론을 자신들에게 알려져 있는 과학의 자료에 가능한 한 잘 부합시키기 위해, 그리고 자신들의 소중한 기존관념에도 잘 부합시키기 위해, 그 이론을 수정하는데 의식적으로 또 자발적으로 몰두하고 있다. 그 이론은 그들에게는 **일반형**type générique이며, 그들은 각자 자기 나름대로 그 일반형을 **명확히 하려고** 애쓴다. 그러나 다윈이 일으킨 전대미문의 동요에서 생겨난 그 다양한 산물들 중에서는, 단 두 개만이 스승의 고유한 사상에 진짜 생산적인 진정한 새로움을 더해주었거나, 스승의 사상을 그 새로움으로 대체하였다. 내가 먼저 말하고 싶은 것은 에드몽 페리에

---

**14** 독일의 생물학자 에른스트 헤겔Ernst Haeckel(1834-1919)은 1866년 "생물의 개체발생은 그 계통발생을 되풀이한다"는 발생 반복설recapitulation theory을 주창하였다.

Edmond Perrier[15]씨가 공식화한 것으로, 기초적인 유기체들이 **결합을 통**해 보다 복잡한 유기체로 **진화**한다는 것이다. 두 번째 것은 오래 전에 쿠르노Antoine Augustin Cournot[16]의 통찰력 있는 글들에서 지적되고 예측된 것으로 현대의 많은 학자의 정신 여기저기에서 자발적으로 새롭게 생겨난 이론인데, 이것은 비약(즉 급변)에 의한 진화다. 이들 중 한 쪽에 따르면, 기존의 한 유형이 새로운 적응을 위해 특수한 변화를 하는 경우 이것은 어느 **특정한 순간**에 거의 **직접적**으로 이루어졌음이 틀림없을 것이다(말하자면 그 종이 형성되는 데 걸린 엄청난 시간에 비하면 매우 짧지만, 우리의 짧은 인생에 비하면 어쩌면 매우 길지도 모른다고 나는 생각한다). 그리고 그는 그러한 변화가 시행착오를 통해서가 아니라 **꾸준한 과정**을 통해 이루어졌을 것이라고 덧붙여 말한다. 마찬가지로 또 다른 생물변이론자에게는 종種이 비교적 **빠른** 형성에서부터 역시 **빠른** 해체에 이르기까지는 어떤 한계 안에 실제로 고정되어 있다. 왜냐하면 그 종은 본질적으로 안정된 유기적인 균형 상태에 있기 때문이다. 유기체가 그 환경의 과도한 변화로 인해(또는 어떤 요소의 전염적인 반란에 기인하는 어떤 내부혁명으로 인해) 그 고유의 조직에서 심하게 흔들리면, 유기체는 그 종에서 벗어나지만 결국 또 다른 종(이것 또한 안정된 균형이다)의

---

**15** 프랑스의 동물학자(1844-1921). 그는 다윈의 진화론을 지지하였지만, 라마르크의 진화론을 더욱 우선시하였다.
**16** 프랑스의 수학자, 경제학자이자 철학자(1801-1877). 타르드는 《모방의 법칙》(1890년 출간)을 쿠르노에게 바칠 정도로 그에게서 많은 영향을 받았다.

경사면으로 굴러떨어질 뿐이다. 그때 그 유기체는 한동안 거기에 머무르지만, 그 기간은 우리에게는 영원에 해당될 것이다.

물론 나는 이러한 추론들을 논의할 필요가 없다. 나로서는, 그 추론들이 커지면서(보다 정확하게 말하면, 슬며시 진전하면서) 아직은 보잘 것 없지만 그래도 확산되고 있다는 점을 지적하는 것으로 충분하다. 반면에 자연선택 이론은 나날이 땅을 잃어버리고 있다. 자연선택만으로는 유형을 완전하게 하기보다는 순수하게 하는 데 더 적합하며, 또 유형을 깊이 다시 손질하기 보다는 완전하게 하는 데 더 적합한 모습을 나타내기 때문이다. 덧붙여 말하면, 지적한 두 길 중 어느 쪽으로든 간에, 생물체에 살거나 그것을 가득 채우는 것은 정신적인 또는 거의 정신적인 원자라고 생각하지 않을 수 없게 되었다. 실제로 페리에 씨가 생물세계의 혼으로 본 **사회욕구**besoin de société가 작은 사람들 탓이 아니라면 무엇이란 말인가? 다른 사람들이 상상하는 **직접적이며 규칙적인** 그 빠른 변화가 그들 중 어느 한 사람이 제일 먼저 생각하고 바란 어떤 **특수한 재조직계획**의 실현에 협력하는 숨은 일꾼들의 성과가 아니라면 무엇일 수 있겠는가?

## II

지금까지 말한 것으로 과학이 우주를 분쇄해 존재들을 무한히 늘리는 경향이 있다는 것을 충분히 증명해준다고 나는 생각한다. 그러나 과학에는 또한 물질과 정신이 데카르트적 이원론을 통합하는 경향도 마찬가지로 분명히 있다는 것을 나는 더욱 큰 목소리로 말하였다. 이로 인해 과학은 불가피하게 의심론疑心論psychomorphisme(내가 말하는 것은 의인론anthropomorphisme이 아니다)으로 향한다. 실제로 일원론monisme을 이해하는 방식은 세 가지밖에 없다(일원론에 대해서 이미 수없이 말해왔다는 것은 나도 안다):첫 번째는 운동과 의식, 예를 들어 한 세포의 진동과 이에 해당되는 정신상태를 똑같은 사실의 두 측면으로 간주하는 방식이다. 이때 우리는 고대 야누스Janus에 대한 기억으로 인해 스스로 착각한다. 두 번째는 물질과 정신의 이질적인 성질을 부정하지는 않지만, 그 물질과 정신을 어떤 공통된 원천, 즉 어떤 숨어 있는 불가지不可知의 정신에서 유래하게 하는 방법이다. 이 방법으로는 이원론 대신에 삼위일체설밖에 얻지 못한다. 마지막으로는 물질이 정신에 속하며 그 이상의 것이 아니라고 단호하게 주장하는 방법이다. 이 마지막 명제만이 유일하게 납득이 가는 것이며, 실제로 요구되는 환원[단순화]을 준다. 그러나 이 명제를 이해하는 방법에는 두 가지가 있다. 관념론자처럼 다음과 같이 말할 수 있다. 즉 다른 자아들을 포함해 물질세계가 **나의 것**, 전적으로 나의 것이며, 이 물질세계는 나의 정신상태로 또는 그 정신상태의 가능성으로 구성되어 있다고 말할 수 있다. 그 가능성이 나에 의해 긍정되는 한, 말하자면 그 가능성 자체가 나의 의식상태 중 하나인 한에서 말이다. 이러한 해석을 거부한다면, 모나드론자처럼 다음을 인정하는 수밖에 없다. 즉 모든 외부세계가 나의 것과는 다른 혼들, 그러나 근본적으로는 나의 것과 비슷한 혼들로 구성되어 있다고 인정하는 수밖에 없다. 바로 이 관점을 받아들이면, 앞의 관점에서 그 최고의 근거를 제거하는 일이 일어난다. 돌이나 식물의 **존재 자체**가 무엇인지 모른다고 인정하면서 동시에 그것이 **존재한다**고 고집스럽게 말하는 것은 논리적으로 지지할 수 없다. 우리가 그것에 대해 갖는 관념의 모든 내용이 우리의 정신상태라는 것을 보여주기는 쉽다. 그리고 우리의 정신상태를 제외하면 남는 것이 아무 것도 없기 때문에, 그 알 수 없는 실체 X를 주장하면 그 정신상태만을 말하는 것이거나, 또는 어떤 다른 것을 주장하면 우리는 아무 것도 말하지 않는 것이라고 고백할 수밖에 없다. 그러나 [돌이나 식물의]존재 자체가 근본적으로 우리 자신의 존재와 비슷하다면, 그것은 더 이상 알 수 없는 것이 아니기 때문에, 그 존재 자체에 대해서도 뭔가 말할 수 있다.

결과적으로 일원론은 우리를 보편적 의심론疑心論으로 이끈다. 그런데 일원론은 주장되는 만큼이나 증명되는 중에 있는가? 그렇지 않다. 사실 틴들John Tyndall과 같은 물리학자들, 헤켈Ernst Hoeckel과 같은 박물학자들, 텐Hippolyte Adolphe Taine과 같은 역사철학자들이나 예술가들, 모든 학파의 이론가들이 안과 밖의 단절hiatus, 감각과 진동의 단절은 착각이라고 추측하거나 확신하는 것을 볼 수 있는데, 이들의 논거가 아무리 적절하지 않더라도 그들의 확신과 예감의 일치는 중요하다.[17] 그러나 그들은 자신들이 주장하는 일치를 우리에게 납득시키려고 시도하지만, 그들의 추측은 일치시키려고 하는 병렬된 용어들의 명백한 불일치 앞에서 모든 가치를 잃어버린다. 그 용어들이란 운동과 감각이다.

실제로 이 용어들 중 적어도 하나는 잘못 선택되었기 때문이다. 운동의 순수하게 양적인 변화(이 편차 자체를 측정할 수 있기 때문이다)와 감각의 순수하게 질적인 변화(색깔, 냄새, 맛이나 소리) 사이의 대조가 우

---

**17** 틴들은 아일랜드의 물리학자(1820-1893)이며, 이폴리트 텐은 프랑스의 문학비평가, 심리학자이자 역사학자(1828-1893)다. 틴들, 헤켈, 텐 이들 모두는 정신과 물질이 어떤 단일한 근원적인 실재의 두 측면이라는 식의 일원론을 주장하였다.

리 정신에게는 너무나도 강렬하다. 그러나 만일 우리의 내적인 상태 안에 가정상 감각과는 다른 것들, 즉 – 내가 다른 곳에서 보여주려고 한 것처럼 – 양적으로 변하는 것들이 존재한다면, 이 독특한 성격은 아마도 그것들을 이용해 우주의 **정신화**la spiritualisation de l'univers를 시도할 수 있게 해줄 것이다. 내 생각에는 혼의 두 상태, 보다 정확하게 말하면 믿음과 욕망이라고 불리는 혼의 두 힘(긍정과 의지는 여기서 온 것이다)은 이 특이하고 두드러진 성격을 나타낸다. 이 두 힘은 인간이나 동물의 모든 심리 현상에 보편적으로 존재하며, 그 무수한 단계의 한 쪽 끝에서 다른 쪽 끝까지(믿거나 욕망하는 가장 작은 경향에서부터 확신과 열정에 이르기까지) 그 성질이 동질적이다. 그리고 마지막으로 그것들은 서로 침투하며 그 밖의 점에서도 역시 마찬가지로 두드러지게 유사하다. 이로 인해서, 공간과 시간이 외부 세계에서 물질요소에 행하는 바로 그 역할을 믿음과 욕망이 자아 안에서 감각에 행한다. 이제는 이 유추가 일치를 포함하는지 아닌지를 검토하지 않으면 안 될 것이다. 공간과 시간이 – 매우 심오한 분석가[18]가 주장한 것처럼 – 우리 감각의 형식에 불과한 것이 아니라 우연히 생겨난 원초적인 관념이나 처음부터 존속하는 유사감각이 아닌지, 그리고 믿음과 욕망이라는 우리의 두 능력(이 두 능력은 모든 판단, 따라서 모든 관념의 공통된 원천이다) 덕분에, 우리 이외의 심리적 동인들이 지닌 믿음과 욕망의 여러 정도

---

**18** 임마누엘 칸트(1724–1804).

와 양태가 우리에게는 그러한 관념이나 유사감각으로 나타나는 것이 아닌지 검토하지 않으면 안 될 것이다. 이러한 가설에서는 물체의 운동이란 모나드들에 의해 형성된 일종의 판단이나 의도에 불과할 것이다.[1]

보게 되는 바와 같이, 만일 그렇다면 우주는 완전히 투명해지고 아울러 현대 과학에서의 대립된 두 흐름 간의 명백한 갈등도 해결될 것이다. 사실 현대 과학은 한편으로는 우리를 식물심리학, 《세포심리학》, 곧이어 원자심리학, 한마디로 말해서 기계적이며 물질적인 세계에 대한 완전히 정신적인 해석으로 이끌지만, 또 한편으로는 모든 것을 ─ 심지어는 인간의 사고조차 ─ 기계적으로 설명하는 현대 과학의 경향 역시 그에 못지않게 명백하다. 헤켈의 《세포심리학》에서 이 모순된 두 관점이 문장마다 번갈아 나타나는 것을 볼 수 있는데, 이는 흥미롭다. 그러나 이 모순은 앞서 말한 가설로 제거되며 또 그렇게 해서만 제거될 수 있다.

게다가 이 가설에는 의인론적인 것이 전혀 없다. 믿음과 욕망은 무의식 상태를 포함한다는 독특한 특권이 있다. 무의식적인 욕망이나 무의식적인 판단은 확실히 있다. 우리의 쾌락이나 고통 속에 함축되

---

[1] 로체Rudolf Hermann Lotze에 따르면, 만일 원자에 어떤 정신적인 것이 있다면 그것은 개념이라기 보다는 쾌락과 고통임이 틀림없다(Lotze, 《Psychologie physiologique》, p.33). 그렇지만 나는 그와는 정반대를 주장한다. [로체는 독일의 철학자(1817–1881)로 자연과학과 범신론적 세계관을 조화시키는 범신론적 철학을 구상하였다.]

어 있는 욕망, 우리의 감각과 통합되어 있는 위치 판단이나 그 밖의 판단이 그러한 것들이다. 이와 반대로, 느껴지지 않는 무의식적인 감각은 결코 있을 수 없다. 그리고 만일 몇몇 정신이 그러한 감각을 이해한다면, 이는 자신도 모르는 사이에 그들이 명확하게 드러나지 않거나 식별되지 않는 감각을 그러한 감각이라고 말하기 때문이거나, 아니면 무의식적인 정신상태를 인정해야 할 매우 현실적인 필요성을 알고 있어서 그들이 감각도 그와 비슷한 상태로 있을 수 있다고 잘못 생각했기 때문이다. 그렇지만 무의식적인 감각 가설이 의지하는 사실들, 그것도 매우 인상적인 사실들은 일반적으로 그러한 결론을 훨씬 넘어선 것을 증명하고 있다. 그 사실들은 우리 자신에 대한 우리의 의식, 즉 지도적인 모나드들 또는 뇌의 주요 요소들이 수많은 다른 의식을 평생 동안 또는 뇌가 활동하는 동안 필수적이며 변함없는 협력자로 삼는다는 것을 보여준다. 우리에게는 밖에 있는 그 다른 의식들의 변화도 이 모나드들에게는 내적인 상태다. 발Ball[19] 씨는 말한다: "심리학에 관심 있는 몇몇 생리학자는 인간이 아무 것도 잊어버리지 않는다는 것을 증명했다. 전에 받아들인 인상의 흔적은 우리 뇌세포 안에 축적되며, 거기에서 무한히 잠재적인 상태로 있다. 어떤 우세한 영향이 그 인상의 흔적을 그것이 파묻혀 잠들어 있는 무덤에서 불러내는 날까지 말이다 … 대화 중에 어떤 이름이나 날짜, 사실을 상기

---

**19** 프랑스의 신경학자(1833–1893). 당시의 유명한 신경학자 장 마르탱 샤르코의 제자.

하려고 할 때, 찾는 정보가 생각나지 않는 경우가 종종 있다. 그리고 몇 시간 후 전혀 다른 것을 생각할 때, 그 찾은 정보가 자연스럽게 우리에게 떠오른다. 이 뜻밖의 상기想起를 어떻게 설명해야 하는가? 이는 **지성**(그는 우리 자신의 지성, 지도적인 모나드라고 말해야 했을 것이다)이 그 하찮은 세부사항을 무시하는 **동안**에 어떤 **신비한 비서**, 즉 능숙한 자동인형이 우리를 위해 일했기 때문이다 …."

정신과의사들이 기억 현상을 설명하기 위해 비서나 내면의 사서라는 비유를 사용해야 할 필요성을 느꼈다는 것은 모나드 가설에는 유리한 강력한 가정이다. 또한 모나드이론도 이 주제에 관한 영국이나 독일의 심리학자들의 논증과 쉽게 어울릴 수 있다. 그렇지만 결국 어떤 경우에는 특정한 정신상태를 무의식적인 것으로 간주할 필요가 있는 것 같기 때문에, 다음과 같은 것에 주의해야 한다. 즉 사실 욕망이나 믿음행위는 느껴질 수 없을 뿐만 아니라, 그처럼 무의식적인 것으로도 느껴질 수 없을 것이라는 것에 주의해야 한다. 이는 감각이 그 자체만으로 활동적일 수 없는 것과 같다. 그렇지만 그 주목할 만한 특징으로 인해 내가 거론한 두 내적인 힘[믿음과 욕망]은 최고도로 객관화할 수 있는 것으로 우리에게 나타난다. 이 두 힘은 그 어떤 감각에도 적용된다. 도나 레, 장미의 향기, 추위나 더위처럼 아무리 근본적으로 다르더라도 그 어떤 감각에도 그 두 힘은 적용된다. 그런 만큼, 그 두 힘이 **미지의**(솔직하게 고백하면) 인식불가능한 현상, 추측하건대 감각과는 다른 현상(그렇다고 해서 감각이 서로 구분되지 않는 것보다 더 많이 또는 더 적게 감각과도 구분되지 않는 현상)에는 왜 적용될 수 없겠는가? 왜 **감각**sensation은 **질**qualité이라는 속의 단순한 하나의 종으로 간주되지 않는 것일까? 그리고 결코 감각이 아니면서 질을 나타내는 표시가 우리 의식 밖에 있다는 것을 왜 인정하려고 들지 않는가? 그것은 우리의 감각과 마찬가지로, 더 할 나위 없는 심리적인 힘들(믿음이라 불리는 정적인 힘과 욕망이라 불리는 동적인 힘)에 적용점으로 쓸 수 있는데 말이다. 아마도 이러한 진실에 대한 본능적이며 어렴풋한 감정 때문에, 사람들은 욕망을 본보기로 삼아 힘 관념을 만들어냈을 것이다. 그리고 그들은 거기에서 우주의 수수께끼의 열쇠를 찾고 있다. 쇼펜하우어Arthur Schopenhauer는 그 관념에서 가면을 벗기고, 그것을 그 거의 진짜 이름인 의지volonté라고 불렀다. 그러나 의지는 믿음과 욕망이 결합한 것이다. 그래서 이 스승의 제자들, 그 중에서도 하르트만Karl Robert Eduard von Hartmann [20]은 의지에 관념을 덧붙이지 않을 수 없었다. 이들은 의지를 부숴버리고 그 안에서 두 개의 요소를 구분하는 편이 나았을 것이다. 당연히 놀랄 만한 것은, 그토록 많은 철학적 추론이 있었는데도 누구도 적어도 분명하게는 **믿음**(욕망이 아니라)의 객관화에서 물리학이나 생명의 문제들의 해결책을 찾을 생각을 미처 못했다는 것이다. 나는 분명하게 말한다. 사실 우리도 모르는 사이에 우리

---

**20** 독일의 철학자(1842–1906). 쇼펜하우어의 의지 관념, 셸링의 무의식 이론, 헤겔의 이성 개념을 종합해 사변적인 철학 체계를 확립하였다.

는 물질(즉 응집력이 있고 딱딱하며 속이 차 있고 멈춰 있는 실체)을 우리가 확신하는 것의 도움을 받아서 이해할 뿐만 아니라, 그 확신의 이미지나 그와 유사한 것으로도 이해하고 있다. 이는 힘을 우리 노력의 이미지로 이해하는 것과 같다. 헤겔Georg Wilhelm Friedrich Hegel만이 이것을 어렴풋이 보았다. 세계를 일련의 긍정과 부정으로 구성하려는 그의 의도로 판단해 본다면 말이다. 기이할 정도의 착오와 섬세함에도 불구하고, 그의 무너진 저작에 붙어있는 저 대건축물 같은 당당하며 장엄한 분위기는 아마도 거기서 나올 것이다. 이러한 분위기는 일반적으로 데모크리토스Démokrite[21]에서 데카르트René Descartes에 이르기까지 모든 시대의 실체론자가 매우 매력적인 역동론자[역본론자]들의 교의보다 우월하다는 것을 나타낸다. 라이프니츠의 힘 관념을 끝까지 밀고 나가는 현재의 빛나는 진화론에서 일원론이 스피노자Baruch de Spinoza의 실체 개념을 젊어지게 하려고 시도하는 것을 보지 못했는가? 사실 의지가 확신으로 향하는 것처럼 또 천체나 원자의 운동이 그 최종적인 결합으로 향하는 것처럼, 힘 관념은 자연스럽게 실체 관념에 이른다. 따라서 관념론이나 유물론의 사상도 헛된 현상주의의 선동에 싫증이 나 마침내는 변하지 않는다고 말해지는 실재를 파악할 때 잇달아 그 실체 개념으로 도피한다. 그러나 우리의 내적인 두

---

21 고대 그리스의 철학자(기원 전 460?–기원 전370?). 원자론을 체계화했으며 유물론의 형성에 도 영향을 미쳤다.

양이라는 밖으로 드러나는 신비한 실체에 주어진 이 두 속성 중에서 어느 것이 옳은가? 왜 그 둘 다 옳다고 감히 말하지 못하는가?

아마도 이 **의심론**psychomorphisme이 매우 편리하긴 하지만 그만큼 허망한 해결책이며, 아울러 생물현상, 물리현상, 화학현상을 훨씬 더 복잡한 심리학적 사실로 설명하겠다는 것은 속임수라고 말하는 사람이 있을 것이다. 그러나 나는 감각이 복잡하다는 것을 인정할 뿐만 아니라 감각을 심리학적 사실로 설명하는 것도 완전히 정당하다고 인정하더라도 욕망이나 믿음도 마찬가지로 복잡하다는 것은 나로서는 인정할 수 없다. 내 생각에 그런 식의 분석으로는 더 이상 축소할 수 없는 이 개념들을 파고들어가지 못한다. 여기에는 지금까지 눈치채지 못한 모순이 있다. 그것은 한편으로는 유기체가 순전히 기계적인 법칙에 의해 형성된 메커니즘이라고 주장하면서, 또 다른 한편으로는 위에서 거론한 두 현상[믿음과 욕망]을 포함한 정신생활의 모든 현상이 정신생활에 의해 만들어진 조직화의 산물일 뿐 그 정신생활 이전에는 존재하지 않는다고 주장하는 모순이다. 실제로 유기체가 감탄할 만한 기계에 불과하다면, 바로 그 기계나 다른 모든 기계나 마찬가지일 것임이 틀림없다. 왜냐하면 기계 안에서는 그 어떤 새로운 힘뿐만 아니라 근본적으로 새로운 그 어떤 산물조차 만들어질 수 없기 때문이다. 제아무리 놀라운 톱니바퀴 설비의 힘으로도 말이다. 기계는 그것을 거쳐갈 때 본질적으로 변하지 않는 기존의 힘들을 분배하고 특정한 방향으로 이끌 뿐이다. 기계는 외부에서 받아들인 원재료에 형태 변화를 주는 것에 불과하며, 그 원재료의 본질은 변하지 않는다. 따라서 다시 한번 말하지만 생물체가 기계라면, 그 생물체의 기능 작용에서 생겨나는 유일한 산물이자 유일한 힘, 그 근본에 이르기까지 우리에게 잘 알려져 있는 유일한 산물이자 유일한 힘(감각, 사고, 의지)의 본질적인 성질은 우리에게 그 영양분(탄소, 질소, 산소, 수소 등)에는 숨은 심리적 요소가 들어있다는 것을 증명한다. 특히 생물의 기능에서 나오는 이 뛰어난 결과 중 두 개는 힘이다. 이 두 힘은 뇌에서 생겨나지만, 세포 진동의 기계적인 작용으로는 거기서 만들어질 수 없었다. 욕망과 믿음이 힘이라는 것을 부정할 수 있는가? 이것들의 상호 조합으로 열정과 의도가 역사의 소용돌이의 영원한 바람, 정치라는 물레방아를 돌리는 폭포라는 것이 보이지 않는가? 세상을 이끌고 미는 것이 종교적인 믿음이나 그 밖의 믿음, 야심과 탐욕이 아니라면 무엇이란 말인가? 산물이라고 일컬어지는 이것들이 오히려 힘이다. 그것들만이 아직도 현재의 많은 철학자가 진짜 유기체로 간주하고 있는 사회를 만들어낸다. 이렇게 해서, 하위 유기체의 산물이 상위 조직의 요인이 될 것이다! 따라서 혼의 그 두 상태의 동적인 성격을 인정한다면, 이러한 결론은 더욱 큰 정확성을 얻는다. 이 결론은 그 혼의 두 상태를 산물로 간주해도 결코 피할 수 없다. 왜냐하면 주지하다시피, 기계가 사용하는 힘은 언제나 그 원재료보다 훨씬 덜 변해서 그 기계에서 나오기 때문이다. 따라서 믿음과 욕망이 힘이라면, 아마도 그것들은 정신적으로 표출되어 몸에서 나갈 때도 분자의 응집이나 친화성 형태로 몸에 **들어올** 때의 그 자신들과 확연히 다르지 않을 것이다. 이렇게 해서, 물질적 실체의 맨 밑바닥이 우리에게 열릴 것이다. 그리고 이러한 관점이 가져다주는 귀결을 따라가도 여전히 과학에서 얻은 사실과 일치하는지는 검증할 가치가 있다. 그리고 여기서 나에게는 쇼펜하우어, 하르트만 그리고 이들 학파의 축적된 연구에 의지할 수 있는 이점利點이 있다. 내가 생각하기에, 이들은 의지가 아니라 욕망의 가장 중요한 보편적 성격을 보여주는 데 성공하였다.

예를 하나만 들어보자. 그 어떤 조직화 표시도 찾아낼 수 없는 작은 한 덩어리의 원형질이 있다. 그것은 페리에 씨가 말한 것처럼 "계란 흰자위처럼 투명한 젤리 상태의 물질"이다. 그렇지만 이 젤리 상태의 물질은 운동을 하며 **동물을 잡아먹고 그것을 소화한다**고 그는 덧붙여 말한다. 그것에게 식욕이 있다는 것은 분명하며, 따라서 자신이 먹는 것에 대한 다소 분명한 지각知覺이 있다. 욕망과 믿음이 조직화의 산물에 불과하다면, 이질적이지만(나는 이것에 기꺼이 동의한다) 아직 조직되지 않은 이 덩어리의 저 지각과 식욕은 어디에서 유래하는가? 런던왕립협회의 올만George James Almann[22] 씨는 말한다:"포자胞子의 운동은 종종 진정한 **의지력**volition에 복종하는 것 같다. 어떤 장애물을 만나면 포자는 방향을 바꿔 물러서면서 그 섬모纖毛의 운동 방향을 반

---

**22** 아일랜드의 식물학자이자 동물학자(1812–1898).

대로 한다." 열차 기관사라고 해서 그보다 더 잘 하지는 못할 것이다. 그렇지만 이 포자는 사람들이 어떤 의지도 어떤 지능도 있다고 보지 않는, 움직이지도 느끼지도 못하는 식물의 하나의 분리된 세포에 불과하다. 그런데 모세포에는 잠재적으로도 존재하지 않는 지능과 의지가 자세포에서 갑자기 나타난다! 오히려 다음과 같이 말해보자. 생명의 요소는 어떤 것이 자신에게 좋아보일 때, 또는 그것이 자신의 목적(즉 자신의 모든 운동이 생겨나는 그의 특별한 우주적인 계획)에 유용할 때 자신의 숨은 능력을 드러내 펼친다. 미분화된 원형질 덩어리에서 다른 무수한 것과 섞이면, 생명 요소는 적절한 때에 그 미분화를 멈추고 자기 땅에 울타리를 친 다음 봉신집단으로 빽빽하게 자신을 둘러싸게 한다. 그 생명 요소는 석회질 벽으로 뒤덮인다. 또는 노 젓는 사람이 노를 뻗치는 것처럼, 그 생명 요소는 가는 섬유를 늘려 먹잇감 쪽으로 간다. 모든 물에는 무수히 많은 단세포 생물이 들어있는데, 이것들은 "수정처럼 투명한 동심원적인 구형求刑으로 완전한 대칭과 아름다움을 지닌 골격을 만들어낸다." 물론 문제의 단세포 혼자서 이 위업을 수행할 수는 없을 것이다. 그 단세포는 많은 일꾼의 혼에 불과했다고 생각하지 않으면 안 된다. 그러나 그러한 수고가 이루어지려면 얼마나 많은 정신적 행위의 소비가 선행되어야 하겠는가?

어느 봄날 나타나는 세포의 발명품, 세포의 산업[근로 성과], 세포의 기술을 정기적인 전시회에서 늘어놓는 우리 인간의 기술, 산업, 작은 발견물과 비교할 때, 정말로 우리 자신의 지능과 의지(즉 거대한 뇌의 방대한 자원을 사용하는 큰 자아)가 동물세포나 심지어는 식물세포라는 아주 작은 도시에 갇혀 있는 작은 자아들의 지능이나 의지보다 더 우월하다는 것이 과연 확실한지 궁금해 하는 것은 마땅하다. 물론 우리 인간이 언제나 지상의 모든 것보다 더 우월하다고 생각하는 편견에 우리가 눈멀지 않는다면, 이 비교는 우리에게 이익이 되지 않을 것이다. 그 편견은 근본적으로 우리에게 모나드를 믿지 않게 하기 때문이다. 우리 밖에 있는 모든 것 — 생물의 활동조차도 축적된 재능을 최고도로 표출하는 것이다 — 을 기계적으로 해석하려는 오랜 노력 속에서, 우리의 정신은 어떤 의미로는 자신의 불티만을 위해 세계의 모든 빛을 끈다. 에스피나스Alfred Espinas[23] 씨가 꿀벌이나 개미의 사회적인 노동을 설명하는 데에는 **지능이 조금밖에 없어도** 된다고 말하는 것은 확실히 옳다. 그러나 이 **조금**에 동의한다 하더라도, 그리고 우리 산업의 산물처럼 요컨대 아주 단순한 산물을 만들어내는 데에도 그 조금이 필요하다고 판단하더라도, 그 곤충들의 조직 자체(복잡성, 풍부함, 적응 유연성에서는 그것들의 그 밖의 모든 성과보다 훨씬 더 뛰어난 조직 자체)를 만들어내기 위해서는 **많은 지능과 정신적 능력**이 필요했다는 것을 인정하지 않으면 안 된다. 이러한 반성을 하는 것이 매우 자연스럽다는 것에 동의하자. 왜냐하면 사회의 가장 단순한 기능, 가장 진부

---

**23** 프랑스의 사회학자(1844-1922). 타르드는 여기서 1877년에 출간된 그의 저서 《동물사회Des Sociétés animales》를 언급하고 있다.

한 기능, 수 세기 전부터 전혀 변함이 없는 기능의 수행이라 하더라
도, 예를 들면 어떤 행렬이나 군대의 약간 규칙적인 전체 움직임은 −
우리가 아는 것처럼 − 거의 헛되게 소비된 수많은 사전연습, 수많은
말, 수많은 정신적 노력을 요구하기 때문이다. 따라서 수천이 아니라
수십 억의 다양한 행위자에 의해 동시적으로 수행된 생물 기능의 저
복잡한 조종을 일으키기 위해서는 정신 에너지나 유사정신 에너지가
넘쳐 흐를 정도로 퍼져나가는 것이 필요하지 않겠는가! 그리고 그 행
위자들 모두는 본질적으로 이기주의적이며 또한 그들 모두가 한 거
대한 제국의 시민들처럼 서로 다르다고 생각할 만하지 않겠는가!

　물질이 어느 정도 이상으로 작아질 경우 지능(나는 우리가 알고 있는
바와 같은 감각지능을 말하는 것이 아니라 정신현상le psychisme을 말한다. 우리에
게 알려져 있는 모든 지능은 이 정신현상이라는 속屬에 속하는 하나의 종種에 불
과하다)은 있을 수 없다는 것이 증명되었다면 또는 조금이라도 증명될
가능성이 있다면, 방금 말한 그러한 결론은 아마도 거부해야 할 것이
다. 있을 수 없다는 것이 증명된다면, 곧바로 다음과 같이 추론하는
사람도 있을 것이다. 즉 정신현상은 그 조건과는 근본적으로 다른 결
과물이라고 추론하는 사람도 있을 것이다. 비록 지능을 지닌 모든 존
재나 일반적으로 우리가 관찰하는 모든 정신적인 존재 역시 마찬가
지로 정신적인 존재였던 부모나 선조에게서 생겨나지만 말이다. 또한
지능의 자연발생은 − 그 자연발생이 가능하다 하더라도 − 생명의 자
연발생 가설보다 더 받아들일 수 없는 가설이라고 추론하는 사람도

있을 것이다. 그러나 우리는 무한히 작은 것의 미세한, 심지어는 극미세한 깊은 곳에 아무리 뛰어들어도 소용없다. 우리는 거기서도 살아있는 배아와 완전한 유기체를 계속 발견한다. 그리고 이 배아와 유기체에서 우리는 관찰이나 귀납을 통해 동물적인 성격뿐만 아니라 식물적인 성격도 보게 된다. 왜냐하면 그 두 세계가 최소화 속에서는in minimis 뒤섞이기 때문이다. 스포티스우드William Spottiswoode[24] 씨는 다음과 같이 말한다:"지름 약1/3000밀리미터가 우리가 현미경으로 분명하게 볼 수 있는 가장 작은 것이다. 그러나 태양 광선과 전기 빛은 우리에게 그러한 크기보다 무한히 작은 물체의 존재를 알려준다. 틴들Tyndall 씨는 빛의 파를 이용해 미세한 물질을 측정할 생각을 하였는데 … 즉 그는 빛이 퍼지는 모습에 주목하면서 그 미세한 물질을 덩어리로 관찰하였다 … 이 무한히 작은 물질은 기체 분자로만 되어 있는 것이 아니다. 그것은 또한 완전한 유기체도 갖고 있다. 우리가 방금 언급한 유명한 학자는 이 미세한 유기체가 생명 조직에 미치는 상당한 영향에 대해서 철저한 연구를 하였다."

그러나 우리가 정신현상의 한계에는 도달하지 못하지만, 그래도 상식적으로 보면 우리보다 훨씬 작은 존재는 평균적으로 우리보다 훨씬 지능적이지 못하다고 말하는 사람이 있을 것이다. 그리고 이러한 진행[주장]을 따라가면 우리는 점점 작아지는 도중에 절대적인 무無

---

**24** 영국의 수학자이자 물리학자(1825-1883)

지능l'inintelligence absolue에 도달할 것이 확실하다. 상식이라고! 넘어가자. 상식은 또한 다음과 같이 말한다. 즉 지능은 지나친 크기와도 양립할 수 없으며, 이 점에서는 경험이 상식의 손을 들어준다는 것을 인정하지 않으면 안 된다고 말이다. 그러나 상식의 이 두 주장을 나란히 놓으면, 그 두 주장 모두 ─ 한 쪽은 근거가 없고 또 한 쪽은 그럴듯하지만 ─ 인간중심적인 편견에서 유래한다는 것이 분명하다. 실제로 우리는 어떤 존재에 대해 잘 모를수록 그만큼 더 그것이 지능적이지 못하다고 판단한다. 그리고 미지의 것에는 지능이 없다고 생각하는 오류는 미지의 것은 구별되지 않고 미분화되었으며 동질적이라고 생각하는 오류와 한 짝을 이룰 수 있다. 이 뒤의 오류에 대해서는 나중에 문제 삼을 것이다.

지금까지 말한 것을 목적론적 원리(이것은 보통 오늘날에는 당연히 매우 평판이 나쁘다)를 지키기 위한 감춰진 변호로 보지 않도록 주의해야 할 것이다. 실제로 방법의 관점에서는 어쩌면 ─ 사람들이 하는 것처럼 ─ 자연의 모든 목적이나 이데아를 단 하나의 사상이나 의지와 결부시키려고 하기보다 자연에는 어떠한 목적이나 이데아도 없다고 생각하는 편이 더 좋을 것이다. 이것은 다음과 같은 세계에 대한 얼마나 독특한 설명인가! 즉 모든 존재가 서로 잡아먹는 세계, 각각의 존재 안에서의 기능의 일치가 ─ 그 일치가 존재할 때는 ─ 상반된 이해관계나 요구의 거래에 불과한 세계, 그리고 (아무리 통치가 잘 되는 나라에서도 언제나 여기저기서 이단적인 종파와 지방적인 특수성이 나타나 사람들의 꿈인 통일성을 파괴한다 하더라도, 시민들은 그 이단적인 종파를 종교적으로 영속화하고 통치자들은 그 지방적 특수성을 마지못해 존중하는 것처럼) 아무리 균형이 잘 잡힌 개인에게서조차 정상적인 상태에서는 쓸모없는 기능이나 기관을 볼 수 있는 세계, 바로 이러한 세계에 대한 얼마나 독특한 설명인가? 신의 생각이나 의지가 아무리 무한하다고 가정해도 그것이 단 하나라고 주장한다면, 신의 생각이나 의지는 그때부터 현실에 대해서 불충분한 것이 된다. 그 무한성(이것은 모순의 공존을 전제한다)과 그 통일성(이것은 완전한 일치를 요구한다) 사이에서 선택하지 않으면 안 된다. 한 쪽을 다른 쪽에서, 즉 전자를 후자에서 그 다음에는 후자를 전자에서 번갈아가며 완벽하게 이끌어내지 못하는 한에서는 말이다 ⋯ 그러나 이 수수께끼는 다루지 말자. 물질에는 지능이 없거나, 아니면 물질은 지능으로 만들어져 있다. 중간은 없다. 그리고 실은, 과학적으로 보면 이것은 같은 것으로 돌아간다. 사실 잠시 다음과 같이 가정해 보자. 어떤 나라가 몇천 명이 아니라 10의 24제곱이나 10의 30제곱 명의 사람들로 이루어져 있으며 완전히 폐쇄되어 개별적으로는 접근할 수 없는 나라(일종의 중국 같은 나라이지만 그보다는 인구가 훨씬 더 많고 훨씬 더 닫혀 있는 나라)라고 할 때, 그 나라는 오로지 통계학자들의 자료를 통해서만 알 수 있다. 아주 큰 수로 이루어진 그들의 수치가 대단히 규칙적으로 재생될 것이기 때문이다. 이 나라에서 정치혁명이나 사회혁명이 일어난다면(이러한 혁명은 그러한 수치 중 몇 가지가 갑작스럽게 늘어나거나 줄어드는 것으로 우리에게 드러날 것이다), 그러한 사실이 개인의 관념이나 열정에서 일어난 것이라고 아무리 확신해도 소용없을 것이다. 그 진정한 – 그렇지만 헤아릴 수 없는 – 원인들의 성질에 대해서 피상적인 추론에 빠지는 것을 피해야 할 것이다. 그러면 능숙하게 다루어진 정상적인 사실과의 기발한 비교를 통해 비정상적인 사실을 그럭저럭 설명하는 것이 가장 현명한 것 같다. 이렇게 하면 우리는 적어도 분명한 결과와 상징적인 진실에 도달할 것이다. 그렇지만 그러한 진실의 순전히 상징적인 성격을 상기하는 것이 때때로 중요할 것이다. 바로 이것이 모나드론이 과학에 줄 수 있는 도움이다.

III

과학은 우주를 분해한 다음 그 가루를 반드시 정신화하게 된다는 것을 우리는 방금 보았다. 그렇지만 우리는 중대한 반론에 도달한다. 그 어떤 모나드론이나 원자론의 체계에서도 모든 현상은 수많은 동인(이것들은 눈에 보이지도 않고 셀 수도 없는 작은 신이다)에서 생겨나는 작용으로 분해될 수 있는 성운星雲에 불과하다. 이 다신론(나는 만신론萬神論, myriathèisme이라고 말하고 싶었다)은 현상들의 보편적인 일치를 설명하지 못한다. 그 일치가 아무리 불완전하더라도 말이다. 세계의 요소들이 제각기 독립적이며 자율적으로 생겨난다면, 그 요소들 중 많은 수 또 그것들의 집단 중 많은 수(예를 들면 산소나 수소의 모든 원자)가 사람들이 충분한 이유 없이 가정하는 것처럼 완전히 비슷하지는 않더라도 적어도 거의 고정된 한계 안에서는 서로 비슷한 이유를 알 수 없다. 그리고 그 모두는 아니더라도 그것들 중 많은 수가 사로잡혀 예속된 것처럼 보이며, 그리하여 그것들의 영원성이 뜻하는 저 절대적인 자유를 포기한 것처럼 보이는 이유도 알 수 없다. 마지막으로, 질서(무질서가 아니라)와 우선적으로 질서의 첫 번째 조건(즉 분산이 점점 커지는 것이 아니라 집중이 점점 커지는 것)이 그 요소들이나 그 집단들이 서로 관계를 맺는 데서 생겨나는 이유도 알 수 없다. 따라서 새로운 가설에 의지하지 않으면 안 되는 것 같다. 라이프니츠는 닫힌 모나드라는 자신의 생각을 보완하기 위해, 그 각각의 모나드를 어두운 방으로 보고 거기에서는 다른 모나드들의 세계 전체가 축소된 형태로 또 어떤 특별한 관점에서 그려져 있다고 생각하였다. 그리고 그는 예정조화를 생각해내지 않을 수 없었을 것이다. 이는, 떠돌아다니는 맹목적인 원자들을 보완하기 위해 유물론자들이 모든 법칙이 되돌아오는 보편적인 법칙이나 통합적인 공식을 내세우지 않을 수 없는 것과 같다. 그들이 내세우는 보편적인 법칙이나 통합적인 공식이란 모든 존재가 복종하지만 그 어떤 존재에서도 유래하지 않는 일종의 신비한 명령 같은 것이며, 또한 그 누구도 결코 입 밖에 내지 않았지만 어디서나 언제나 들리는 일종의 말, 그러면서도 표현할 수도 이해할 수도 없는 일종의 말 같은 것이다. 게다가 원자론자든 모나드론자든 그들은 똑같이 그 최초의 요소(이들은 이것을 모든 실재의 원천이라고 말한다)가 마치 시간과 공간에서 떠돌아다니는 것처럼 상상한다. 이때 시간과 공간이란 동일한 종種에 속하는 두 실재 또는 유사실재로서, 소위 침투할 수 없는 물질적 실재에도 깊이 관통하며 침투하지만, 이 내적인 침투에도 불구하고 그 물질적인 실재와는 근본적으로 구분될 것이다. 매우 많은 특징이 있는 만큼 수수께끼도 매우 많은데, 이 수수께끼들이 이 철학자[라이프니츠]를 매우 당황하게 만든다. 우리는 서로 무관하기는커녕 오히려 서로 상호침투하는 열린 모나드들을 생각해내면 그 수수께끼들이 풀린다고 기대할 수 있는가? 나는 그렇다고 생각한다. 그리고 나는 이러한 면을 통해서도, 과학(근대 과학만이 아니라 현대 과학도 포함해서)의 진보가 새로워진 모나드론의 탄생을 촉진시키는 것을 보고 있다. 뉴턴의 인력 발견, 즉 아무리 멀리 떨어져 있어도 물질 요소들이 서로 멀리서 끌어당기는 작용에 대한 발견은 그 물질 요소들의 침투불가능성을 문제 삼아야 한다는 것을 보여준다. 그 각각의 물질 요소가 전에는 하나의 점으로 간주되었지만, 이제는 무한히 확대된 작용범위를 지닌 구球가 되고 있다(사실 이러한 유추는 중력도 다른 모든 물리적인 힘과 마찬가지로 연속적으로 퍼진다고 생각하게 한다).[2] 서로 침투하는 이 모든 구는 각각의 요소에 고유한 영역이며, 어쩌면 섞여 있음에도 불구하고 별개의 공간일지도 모른다. 우리는 그것을 단 하나의 공간으로 잘못 여기고 있지만 말이다. 그 각각의 구의 중심

---

[2] 라플라스Laplace에 따르면, 중력유체重力流體 fluide gravifique는 − 그의 표현을 사용하면 − 연속석으로 퍼시는데, 이 퍼지는 속도는 빛보다 직어도 수백 만매나 빠르다. 그는 이떤 곳에서는 5000만 배라고 말하고, 다른 곳에서는 1억 배라고 말한다.

은 그 속성들로 특징지어지는 하나의 점이다. 게다가 활동이 모든 요소의 본질 자체이기 때문에, 그 각각의 요소는 그것이 활동하는 곳에 그대로 있다. 사실 뉴턴의 법칙(사람들이 이 법칙을 때때로 에테르의 압력으로 설명하려고 했지만 실패하였다)이 자연스럽게 암시하는 이 관점을 따르게 되면, 원자는 더 이상 하나의 원자가 아니다. 원자는 **보편적인 환경**milieu universel(또는 보편적이 되기를 갈망하는 환경)이자 **자신을 위한** 하나의 우주이며, 라이프니츠가 의도한 것처럼 **소우주**microcosme일 뿐만 아니라 단 한 존재에 의해 정복되고 흡수되는 우주 전체다. 어떤 의미에서는 초자연적인 공간이 이런 식으로 해서 실제 공간이나 기초적인 영역으로 분해된다. 마찬가지로 단일한 시간이라는 속이 비어있는 실체를 다수의 실재 즉 기초적인 욕망으로 분해하는 데 성공한다 해도 자연법칙 ─ 유사, 현상의 반복 그리고 비슷한 현상의 증대(물질에서의 파동, 생물에서의 세포, 사회에서의 모방) ─ 을 몇몇 모나드의 승리로 설명하는 것만큼 단순화하는 것은 없을 것이다. 그 모나드들이 법칙을 원하고 수많은 모나드에게 유형을 강요하고 굴레를 씌워 획일화하며 굴복시켰다 하더라도 말이다. 그러나 이 예속된 수많은 모나드도 모두 자유롭고 독자적으로 생겨났으며, 그 정복자와 마찬가지로 보편적인 지배와 동화를 갈망한다. 공간 및 시간과 마찬가지로, 법칙과 그 밖의 부유하는 환상의 실체도 이런 식으로 해서 마침내는 인식된 현실 속에서 자신들의 자리와 적용지점을 찾을 것이다. 그것들도 모두 처음에는 우리의 시민법이나 정치법령처럼 개별적인 계획이나 의

도였을 것이다. 이렇게 해서, 원자론이나 모나드론의 모든 시도에 가해질 수 있는 기본적인 반론, 즉 현상의 연속성을 요소들의 비연속성으로 분해한다는 반론을 아주 간단히 피할 수 있을 것이다. 실제로 우리는 최후의 비연속성 속에 연속성을 놓지 않으면 무엇을 놓겠는가? 나중에 다시 설명하겠지만, 우리는 거기에 다른 존재들로 이루어진 전체를 놓는다. 각 사물의 밑바탕에는 실제로든 있을 수 있든 다른 모든 사물이 있다.

IV

그러나 이것은 우선 **모든 사물이 사회**이며 모든 현상이 사회적 사실이라는 것을 의미한다. 그런데 주목할 만한 것은 — 게다가 지금까지 말한 일련의 논리를 통해 보면 — 사회 개념을 이상할 정도로 일반화하는 경향이 있다는 것이다. 과학은 우리에게 동물사회(이에 대해서는 에스피나스 씨의 훌륭한 책을 보라), 세포사회에 대해 말하고 있는데, 원자사회에 대해서 말하면 왜 안 되는가? 태양계와 별들의 체계인 천체사회를 잊을 뻔했다. 모든 과학이 사회학의 분과 학문이 될 운명에 있는 것 같다. 이 흐름의 방향을 잘못 이해해 몇몇 사람은 사회를 유기체로 보고 싶어했다는 것을 나는 잘 안다. 그러나 진실은 그 반대다. 즉 세포이론 이후 유기체는 리쿠르고스Lycurgue[25]

---

25 고대 스파르타의 입법자(기원 전 707?–기원 전 636).

나 루소 식의 배타적이며 비사교적인 도시처럼, 아니 차라리 자신들의 계율을 놀라울 정도로 완강하게 또 기이할 정도로 위엄있게 변함없이 지키는 종교 수도회처럼 별개의 성질을 지닌 사회가 되었다. 그렇지만 이 변함없는 불변성이 그 구성원들의 개인적인 다양성이나 창의력을 반대한다는 표시는 결코 아니다.

스펜서 같은 철학자가 사회를 유기체와 동일시한다는 것은 전혀 놀라운 일이 아니며 근본적으로 새로운 것도 없다. 그가 그러한 관점을 위해 상상력이 풍부한 박식博識을 놀라운 정도로 사용한다는 점을 제외한다면 말이다. 그렇지만 에드몽 페리에 씨처럼 대단히 신중한 학자나 자연과학자가 유기체와 사회의 동일시를 현재에도 지속되는 수수께끼의 열쇠나 진화의 가장 중요한 공식으로 볼 수 있었다는 것은 진짜 주목할 만하다. 페리에는 "하나의 동물이나 식물을 많은 동업조합이 활동하며 인구가 많은 하나의 도시에 비유할 수 있는데, 적혈구들은 그것들이 떠 있는 액체 속에서 자기들 뒤에 복잡한 짐을 끌고 다니며 거래하는 진짜 상인이다"라고 말한 다음, 다음과 같이 부언한다: "사람들은 동물들 사이에 나타나는 관계를 표현하기 위해, 그 동물들이 실제적인 유사성으로 연결되어 있다(즉 실제로 혈연관계에 있다)고 전제하기 전에 유사성 정도가 제공할 수 있는 비유는 모두 사용했다. 이와 마찬가지로 사람들은 지금까지 끊임없이 유기체를 사회에 비유하거나 사회를 유기체에 비유했지만, 이러한 비유는 정신에 대한 단순한 견해에 지나지 않는다. 이와 반대로 우리는 … 결합이 유기체의 점진적인 발전에서 유일하다고는 말할 수 없어도 상당한 역할을 했다는 그러한 결론에 도달하였다; 등등."

그렇지만 지금은 과학도 점점 더 유기체를 기계와 동일시하며, 아울러 생물세계와 무기無機세계 간의 예전의 장벽을 낮춘다는 것에 주목하자. 따라서 예를 들어 분자라고해서 왜 식물이나 동물처럼 하나의 사회가 되지 못하겠는가? 상대적인 규칙성과 영속성이라는 점에서는 분자 수준의 현상이 세포 수준이나 생물 수준의 현상과 대립되는 것 같지만, 쿠르노처럼 우리도 인간사회가 야만적인 단계(어떤 의미에서는 유기적인 단계)에서 **물리적이며 기계적인 단계**로 넘어간다고 생각한다면, 그 상대적인 규칙성과 영속성은 결코 그러한 추론을 거부해야 할 이유가 되지 못한다. 실제로 첫 번째 단계에서, 인간사회가 시, 예술, 언어, 관습, 법에서 창의적이면서도 본능적으로 발휘하는 모든 일반적인 사실은 이상할 만큼이나 생명의 특징과 진행과정을 생각나게 한다. 거기에서 인간 사회는 행정적, 산업적이며 숙련된 이성적인 단계(한 마디로 말해서 기계적인 단계)로 점차 넘어간다. 이 단계에서는 큰 수數를 사용하고 또 통계학자가 그 큰 수를 동등한 덩어리로 만들기 때문에 경제법칙이나 그 유사법칙이 출현하는데, 이러한 법칙은 많은 점에서 물리학의 법칙이나 특히 통계학의 법칙과 아주 유사하다. 이러한 동화同化(이것은 많은 사실이 보여주고 있는데, 이에 대해서는 쿠르노의 《기본관념의 연쇄 개론Traité de l'enchaînement des idées fondamentales》을 참조하기 바란다)에서 우선 나오는 결론은 다음과 같은 것이다. 즉 (이 점에 대한 쿠르노 자신의 오류와는 반대로) 무기체의 성질과 유기체의 성질 간의 간격은 뛰어넘을 수 없는 것이 아니라는 사실이다. 왜냐하면 우리는 우리 사회의 진화라는 하나의 진화가 후자의 특징과 전자의 특징을 교대로 나타내는 것을 볼 수 있기 때문이다. 두 번째로는 다음과 같은 결론이 나온다. 즉 생물이 사회라면, 말할 것도 없이 순전히 기계적인 존재도 사회임이 틀림없다는 것이다. 왜냐하면 우리 사회의 진보는 자신을 기계화하는 것으로 이루어지기 때문이다. 따라서 하나의 분자를 하나의 유기체나 국가에 비유해서 생각해 보면, 그것은 그 구성원 수가 훨씬 더 많고 훨씬 더 발전했으며(스튜어트 밀이 우리를 위해서 진심으로 바라는) 안정기에 도달한 일종의 국민에 불과할 것이다.

이제는 유기체를, 더구나 물리적 존재를 사회와 동일시하는 것에 사람들이 행한 가장 그럴 듯한 비판으로 곧바로 가보자. 국민과 생물체 간의 가장 두드러진 대비는 다음과 같은 점에 있다. 즉 생물체는 명확하면서도 대칭적인 윤곽을 갖고 있는데 반해, 국민 간의 경계나 도시의 성곽은 땅에 변덕스러울 정도로 불규칙하게 그려져 있어 사전에 어떤 계획도 세우지 않았다는 것이 느껴진다는 것이다. 스펜서 씨와 에스피나스 씨는 이 곤란한 점에 대해 여러 가지로 대답하였다. 그러나 나는 또 다른 대답을 제시할 수 있다고 생각한다.

지적한 대조를 부인해서는 안 된다. 이 대조는 매우 실제적이다. 그렇지만 이에 대해서는 그럴 듯한 설명이 가능하다. 그 대조를 잘 이해하기 위해 그것을 단순화해 보자. 유기체 형태의 대칭적이며 명확한 성격은 제쳐놓고, 그 성격과 관련된 또 다른 성격에 대해서만 집중해 보자. 즉 유기체의 길이, 넓이, 높이가 결코 서로 극도로 불균형적이지 않다는 것에만 집중해 보자. 뱀과 포플러나무의 경우는 높이나 길이가 뚜렷하게 우세하다. 납작한 물고기의 경우는 두께가 다른 측면들에 비하면 아주 얇다. 그러나 어느 경우에도 극단적인 형태들이 나타내는 불균형은 그 여하한 사회결합체가 우리에게 꾸준히 보여주는 불균형과는 비교할 수 없다. 예를 들면 중국은 3000km의 길이와 넓이를 지니고 있지만 평균적인 높이는 1m나 2m에 불과하다. 왜냐하면 중국인들은 키가 작고 그들의 건축물도 상당히 낮기 때문이다. 단하나의 중세 도시로 이루어진 국가에서조차, 그 도시가 성벽으로 좁게 둘러싸여 있고 또 그 윗부분이 길 위로 나온 집들의 층수가 높은 경우, 두께는 넓이에 비해 매우 얇다. 그런데 이 마지막 예가 우리를 지금까지 찾으려고 애쓴 해결의 길로 데려가지 않는가? 도시가 방어시설을 갖추고 서로 밀집하며 건물의 층수가 포개지는 것은 외부 공격에 더 잘 대항하기 위해서다. 이처럼 옹기종기 모이는 것을 시대의 불안 탓으로 돌릴 수 없는 현대 대도시에서도 집들이 점점 높아지는 경향이 있다면, 이는 앞서 말한 것[외부 공격에 더 잘 대항하는 것]과 동등한 권리를 갖는 이유 때문이다. 즉 계속 늘어나는 많은 사람이 최소한의 공간에 최대한의 사람이 모이는 것의 사회적인 이익에 참여하고 싶은 욕구를 만족시키기 위해서다. 사람들에게 (자신을 더 잘 보호하기 위해서든 자신을 더 잘 발전시키기 위해서든 간에) 서로 모이고 싶어하게 하는 저 생생한 사회성 본능이 뛰어넘을 수 없는 연이은 한계에 부딪히지 않는다면, 국민이 땅에 의지하기는 하지만 거기서 퍼져나가지 않고 공중으로 올라가는 사람들의 무리로 이루어진 모습을 보게 될 가능성이 있다. 그러나 다음과 같은 일이 왜 있을 수 없는지 그 이유를 지적할 필요는 거의 없다. 나라가 넓고 높아 대기권의 호흡할 수 있는 범위를 훨씬 넘어서도, 지구 표면은 아주 단단한 물질을 거의 제공하지 못하기 때문에, 도시는 그처럼 수직 방향으로 발전하는 데 필요한 건축물을 짓지 못할 것이다. 게다가 몇 미터 이상 더 높이면 거기서 생겨나는 불편함은 이점보다 더 큰데, 이는 인간의 신체 조직의 결과다. 인간의 모든 감각과 모든 기관은 전적으로 수평적인 확대 욕구에 부합하기 때문이다. 기어오르는 것이 아니라 걷는 것이, 위를 보거나 위에서 아래로 보는 것이 아니라 자기 앞을 똑바로 보는 것 등이 인간의 자연스러운 모습이다. 마지막으로, 인간이 두려워할 수 있는 적들은 공중에 돌아다니지 않는다. 그것들은 땅에서 떠돌아다닌다. 이러한 관점에서 보면, 나라가 **매우 높으면** 소용없을 것이다. 그렇지만 동물이든 식물이든 세포의 집합체들 경우에는 사정이 다르다. 이것들은 위로도 옆으로도 불시에 습격당할 수 있다. 그것들은 모든 방향에서 강하지 않으면 안 된다. 그 다음, 생물체를 구성하는 해부학적 요소들은 수평적인 조절만 할 수 있게끔 구성되어 있지 않다. 그 결과 우리가 그 세포 집합체들에 있다고 보는 사회성 본능의 무한한 충족을 가로막는 것은 없다.

이상과 같다면, 사회 집합체가 다른 두 측면을 희생시키고 그 높이를 늘리면 늘릴수록 그리고 이와 관련해서 그 자신의 형태와 유기체 형태 간의 아직도 상당한 거리를 줄이면 줄일수록, 사회 집합체가 그 외부형태와 내부구조의 규칙성과 대칭성을 늘리면서 점점 더 유기체 형태에 가까이 다가서는 것이 눈에 띄지 않는가? 거대한 공공기관, 대학, 병사兵舍, 수도원은 이러한 관점을 입증해주는 매우 중앙집권화되고 규율화된 작은 국가들이다. 반대로, 지의류地衣類[26] 같은 유기조직을 지닌 존재는 예외적으로 널리 퍼진 세포들의 얇은 층 형태로 나타나는데, 그 윤곽이 분명하지 않고 비대칭적이라는 것에 유의해야 한다.

생물의 형태가 보통 띠는 이 대칭의 의미에 대해 말하자면, 그 의미는 우리 사회에서도 얻을 수 있는 다른 종류의 고찰을 통해 제시될 수 있다. 그 의미를 기능적 유용성이라는 단순한 동기로 설명하려 한다면 헛수고가 될 것이다. 원하는 한에서는 스펜서와 함께 다음과 같은 사실을 증명할 수도 있을 것이다. 즉 생물의 이동이 방사형放射型 대칭에서 더 작아졌지만 더 완전해진 양쪽 대칭으로의 이행을 요구하였다는 것과, 또한 대칭의 유지가 개체의 건강이나 종의 지속과 양립할 수 없는 경우(예를 들면 가자미 과의 경우) 대칭이 극도로 손상을 입

---

26 포자식물의 한 종류. 엽록소가 없는 균류菌類와 엽록소가 있는 조류藻類의 공생체로 나무껍질이나 바위에 붙어서 산다.

었다는 것을 증명할 수도 있을 것이다. 그러나 잊어서는 안 되는 것은 생명이 출발하는 원초적인 대칭(이것은 아마도 구형球型일 것이다. 즉 속이 가득 차 있으며 어렴풋한 대칭일 것이다) 중 유지될 수 있었던 것은 모두 보존되어 왔거나 실현되어 왔으며, 또 생명이 발전하면서 향해가는 진짜 아름다운 정확한 대칭 중 얻을 수 있었던 모든 것도 보존되어 왔거나 실현되어 왔다는 사실이다. 식물이나 동물의 한쪽 끝에서 다른 쪽 끝까지(규조류[27]에서 난초과 식물에 이르기까지, 산호충에서 인간에 이르기까지) 대칭에의 경향은 분명하다. 이 경향은 어디에서 오는가? 우리 사회세계에서는 다음과 같은 것을 관찰할 수 있다. 즉 서로 제약하는 의도들이 뒤섞이며 경쟁하는 데서 생겨나는 산물은 그렇지 않지만, 제약 없이 실행되는 어떤 개인적인 계획에서 생겨나는 산물은 모두 대칭적이며 규칙적이라는 것을 관찰할 수 있다. 칸트의 기념비적인 철학책에서는 권卷들이 서로 짝을 이루고 있고 장章들이 서로 짝을 이룬다. 나폴레옹 1세의 행정 제도, 재정 제도, 군사 제도에도 대칭성이 있다. 영국인이 기니Guienne에 세운 도시에서는 도로들이 질서정연하게 나 있고 수직으로 교차하며, 매우 낮은 주랑柱廊들로 둘러싸인 정사각형 광장에까지 이어진다. 우리의 교회, 역 등도 마찬가지다. 반복해서 말하지만, 그 자신의 주인이면서 다른 것의 주인인 자유롭고 야심차며 강력한 사상에서 나오는 것은 모두 어떤 내적 필연성에 따라서 두

27 민물과 바닷물에서 생활하는 단세포의 미소한 조류. 식물성 플랑크톤이 그 주요한 것이다.

드러진 규칙성과 대칭성의 사치를 과시하는 것 같다. 독재자는 모두 대칭을 좋아한다. 작가, 그에게는 영원한 반명제antithèses가 필요하다. 철학자에게는 반복되는 이분법적 구분이나 삼분법적 구분이 필요하다. 왕에게는 의식, 예의범절, 군대의 열병식이 필요하다. 만일 그렇다면, 그리고 — 나중에 보게 되는 것처럼 — 어떤 개인적인 계획을 완전히 대규모로 실행할 가능성이 사회 진보의 표시라면, 그 결과는 어쩔 수 없이 다음과 같은 것이 될 것이다. 즉 생물의 대칭적이며 규칙적인 성격이 세포사회가 도달한 높은 수준의 완전함과 (이 세포사회가 복종하는) 계몽군주제를 증명한다는 것을 말이다. 우리가 잊어서는 안 되는 것은, 세포사회가 인간사회보다 헤아릴 수 없을 만큼 더 오래되었기 때문에 인간사회가 열등하다고 해서 실로 놀랄 만한 이유가 전혀 없다는 것이다. 게다가 인간사회는 지구가 허용할 수 있는 인구의 적은 수 때문에 그 진보에 한계가 있다. 세계에서 가장 방대한 제국인 중국도 인구가 3, 4억 밖에 되지 않는다. 최종적인 해부학적 요소의 수가 그 정도밖에 되지 않는 유기체라면, 그것은 식물계나 동물계에서는 틀림없이 낮은 단계에 놓일 것이다.

　유기체와 사회집단을 동일시하는 것에 대한 반론은 유기체 형태에서 끌어낸 것인데, 이제 이러한 반론은 탈락되었다. 따라서 이제는 영향력이 없지 않은 또 하나의 반론에 대해 한 마디 말하는 것이 적절할 것이다. 사람들은 인간사회의 가변성(가장 느리게 변하는 인간사회도 포함해서)을 유기체 종의 상대적인 고정성과 대립시킨다. 그러나 — 지금까지 증명할 수 있었던 것처럼 – 사회유형의 내적 분화의 거의 전적인 원인을 그 구성원들이 사회 외부와 맺는 관계에서 (말하자면 그들 나라의 동물상, 식물상, 토양, 대기와의 관계에서든, 아니면 다르게 구성된 외부사회 구성원들과의 관계에서든) 찾아야 한다면, 그 지적한 차이는 놀라운 것이 아니다. 인간들의 사회 집합체는 결코 **부피가 크지 않으며** 두께도 거의 없이 완전히 **표면적으로만** 배치되어 있는 성질을 갖고 있다. 또한 그 요소들은 극도로 분산되어 있다. 그리고 마지막으로 한 민족과 다른 민족의 지적인 교류나 산업적인 교류는 다종다양하다. 이러한 성질들로 인해, 인간들의 사회 집합체는 그 구성원들 간의 – 본질적으로 보수적인 – 사회내적 관계를 아주 적게 갖고 있으며, 따라서 그 구성원들은 자기들 사이에서 구형球型의 세포나 유기체처럼 **모든 측면에서의**omni-latérales 사회적 관계를 유지할 수 없다.

앞선 관점을 뒷받침하기 위해 주목해야 하는 것은 표피처럼 바깥쪽에 있는 세포들, 즉 외부사회와의 주요 관계에서 독점권을 지니는 세포들이 언제나 가장 변하기 쉽다는 것이다. 피부와 돌기보다 더 잘 **변하는** 것은 없다. 식물의 경우, 표피는 잔털이 없다가 털이 나며, 그 다음에는 가시 등이 잇달아 생겨난다. 이것은 단순히 외부환경의 이질성으로는 설명될 수 없다. 이 외부환경의 이질성이 내부환경의 그 것보다 더 크다고 추정된다면 말이다. 바로 이 점만큼 확실하지 않은 것은 없다. 게다가 그 결과, 유기체의 나머지 부분의 변이에 자극을 주는 것은 언제나 바깥쪽에 있는 세포들이다. 이것이 사실이라는 증

거는 다음과 같은 것이 제공한다. 즉 새로운 종의 내부기관이 선조先
祖뻘 되는 종에 비해서 아무리 변했다 하더라도 그 내부기관은 외곽
기관보다 언제나 덜 변했다는 것이다. 따라서 그 내부기관은 뒤떨어
진 존재로서 유기체의 진화과정에 마지못해 동참하는 것 같다.[3]

　마찬가지로 한 국가의 혁명 중 그 대부분도 변경의 주민들, 선원들,
그리고 십자군처럼 먼 원정에서 돌아온 전사들이 늘 외국에서 수입
하는 새로운 관념의 도입으로 일어난 내부 발효에 기인한다는 것을
지적할 필요가 있는가? 유기체를 고대인의 꿈을 따라 폐쇄된 질투 심
한 도시로 간주하면 거의 틀리지 않을 것이다.

　나는 사회학적 관점을 적용하다 보면 도중에 만나게 되는 다른 많
은 부차적인 반론에 대해서는 무시하겠다. 결국 우리는 사물의 밑바
닥에는 아무리 해도 도달할 수 없기 때문에, 또한 그 밑바닥을 이해
하려면 가설을 만들어야 할 필요성을 우리로서는 인정할 수밖에 없
기 때문에, 주저없이 가설을 받아들여 그것을 끝까지 밀고 나가보자.
나는 가설을 만든다Hypotheses fingo라고 나는 고지식하게 말하고 싶다.
과학에는 위험한 것이 있는데, 그것은 바짝 조인 추론, 즉 마지막 깊

---

[3] 하나의 예만 들면, 보그트Carl Vogt[스위스의 생물학자.1817-1895]씨는 다음과 같이 말한다:
"(조류가 되는 중에 있는 파충류의 경우) 날기에의 적응은 밖에서 안으로, 즉 피부에서 골격
으로 진행하며, 그리고 피부가 이미 깃털로 발전되었을 때에도 … 골격에는 여전히 전혀 변화
가 없을 수 있다는 것을 나는 증명했다고 생각한다"(1879년 스위스 생물학회에서의 파충류와
조류의 중간 형태인 시조새에 대한 발표에서).

이까지 또는 마지막 낭떠러지까지 논리적으로 따라간 추론이 아니다. 그것은 정신 속에서 이리저리 떠다니는 상태에 있는 사상유령이다. 보편사회학의 관점이란 내가 보기에는 오늘날의 사상가들의 뇌를 떠나지 않는 그러한 유령 중 하나인 것 같다. 우선은, 그것이 우리를 어디로 데려갈 것인지를 보자. 괴상하다고 여길 위험이 있지만 지나친 생각을 해보자. 특히 이러한 문제에서는 조롱당할까 두려워하는 것이 가장 반反철학적인 감정이 될 것이다. 따라서 다음에 이어지는 모든 설명의 목적도 모든 사물에 대한 사회학적 해석이 지식의 모든 영역에서 일으키게 되거나 일으키지 않으면 안 될 깊은 혁신을 보여주는 것이다.

그 서두로서 되는 대로 한 예를 들어보자. 모든 정신활동이 신체기관의 기능과 관련되어 있다는 이 위대한 진실은 우리의 관점에서 무엇을 뜻하는가? 이 진실은 다음과 같은 것으로 귀착된다. 즉 사회에서는 그 어떤 개인도 다른 많은 사람들(대부분의 경우 처음에는 알지 못한 다른 개인들)의 협력없이는 사회적으로 활동할 수 없으며 어떤 식으로든 자신을 나타낼 수 없다는 것으로 귀착된다. 잘 알려지지 않은 연구가들이 작은 사실들을 축적해 위대한 과학이론의 출현을 준비하며, 그것을 뉴턴, 퀴비에George Cuvier[28], 다윈 같은 사람이 정식화한다. 이 잘 알려지지 않은 연구가들은 어떤 의미에서는 유기체며, 천재는 그

---

**28** 프랑스의 해부학자(1769–1832).

것의 혼이다. 그들의 연구가 뇌의 진동이라면, 그 위대한 과학이론은 그 진동에 대한 의식이다. 의식이란 뇌의 **영광**, 어떤 의미에서는 뇌에서 가장 영향력 있고 가장 유능한 요소의 영광을 의미한다. 따라서 자기 혼자 내버려져 있는 모나드는 아무 것도 할 수 없다. 이것이야말로 중대한 사실이다. 그리고 그것은 곧바로 다른 사실, 즉 **모나드들이 모이는 경향**을 설명하는 데 도움을 줄 수 있다. 이 경향은 믿음을 최대한으로 사용하려는 욕구를 표현한다. 모든 모나드가 결합해 그 최대치에 도달한다면, 욕망은 충족되었기 때문에 사라질 것이며 시간도 끝날 것이다. 하지만 내가 방금 말한 잘 알려지지 않은 연구가들도 그들의 노고의 영광스러운 수익자만큼이나 또는 그보다 더 많이 공로, 박식함, 정신력을 지닐 수 있다는 것에 주목하자. 말이 났으니 하는 말이지만, 이것은 우리 외부에 있는 모든 모나드가 우리보다 열등하다고 판단하는 편견을 겨냥한 것이다. 자아가 같은 머리에서 공생하는 수많은 모나드 중 하나의 지도적인 모나드에 불과하다면, 근본적으로 우리는 그 모나드들이 열등하다고 생각할 어떤 이유가 있는가? 군주는 그의 대신들이나 백성보다 반드시 더 똑똑한가?

V

이 모든 것이 이상하게 보일 수도 있다. 그러나 근본적으로 그것은 지금까지 과학자들과 철학자들이 보통 받아들인 관점보다는 훨씬 덜 이상하다. 그러므로 보편사회학의 관점은 우리를 그러한 관점에서 벗어나게 해주는 논리적 효과를 지니고 있음이 틀림없다. 새로 만들어지는 것은 아무 것도 없다고 끊임없이 반복하며 말하기를 좋아하는 과학자들이 여러 존재가 단순히 관계만 맺어도 그 관계 자체가 처음의 존재들에 추가되는 새로운 존재가 될 수 있다는 것을 암암리에 자명한 것처럼 인정하는 모습을 보여주는 것은 진실로 놀라운 일이다. 그런데 사람들은 그것을 – 어쩌면 의심하지도 않으면서 – 인정하고 있다. 모나드가설을 멀리했기 때문에, 그들은 전혀 다른 방법, 특히 원자들의 작용으로 두 개의 주요한 출현, 즉 새로운 생물개체와 새로운 자아를 설명하려고 한다. 모든 존재 관념의 원형인 이 두 실재에게 존재라는 이름을 주기를 거부하지 않는 한, 다음과 같은 사실을 인정할 수밖에 없다. 즉 일정 수의 몇몇 기계적인 요소가 일정한 방식으로 기계적인 관계를 맺게 되면, 그때까지 존재하지 않았던 새로운 생물체가 갑자기 생겨나 그 요소들의 수에 더해진다는 것을 인정할 수밖에 없다. 보다 엄밀하게 말하면, 일정수의 생물요소가 두개頭蓋처럼 단단한 벽 안에 적절하게 가까이 있다면, 그 요소들보다 더 실제적이지는 않더라도 그것들만큼은 실제적인 어떤 것이 단지 그처럼 가까이 있다는 사실만으로 (마치 그 움직인 단위들의 성향에 의해 전체 숫자가 늘어날 수 있는 것처럼) 그 요소들 사이에서 생겨난다는 것을 인정할 수밖에 없다. 자연과학과 사회과학이 아주 크게 남용하는 조건과 결과의 관계에 대한 통상적인 관념으로 아무리 가려도 내가 지적하는 (어떤 의미에서는 신화적이라고도 할 수 있는) 불합리함은 여전히 거기에 깊이 숨어 있다. 이 길에 일단 들어서면, 멈출 이유가 없다. 자연의 요소들 사이에서 조화를 이루는 깊고 친밀한 관계는 모두 새로운 상위 요소의 **창조자**가 된다. 그리고 이번에는 이 새로운 요소가 다시 더 높은 또 다른 요소의 창조에 협력한다. 원자에서 자아에 이르기까지 현상이 복잡해져 가는 과정에는 각각의 단계가 있다. 즉 분자는 점점 더 복잡해져 세포가 되거나 아니면 헤켈이 주장하는 색소체plastidule가 되고, 그 다음에는 기관이 되고 마침내는 유기체가 된다. 이때 사람들은 그때마다 새로 생겨나는 존재들을 새로 생겨나는 단위로 계산하는데, 자아에 이를 때까지 극복할 수 없는 장애물을 만나지 않으면서 이 오류의 길을 간다. 이는 우리가 우리 자신이 속하지 않는 외부요소들의 체계에서 일어나는 기초적인 관계의 진정한 성질을 깊이 이해할 수 없기 때문이다. 그러나 인간사회에 도달하면 커다란 장애물이 나타난다. 여기서는 우리가 편안함을 느낀다. 우리가 도시, 국가, 군대나 수도회라 불리는 사람들의 긴밀히 결합된 체계의 진짜 요소이기 때문이다. 우리는 거기서 일어나는 모든 것을 안다. 그렇지만 그 어떤 사회집단이 아무리 친밀하고 깊이 조화를 이루고 있어도, 단순히 비유가 아니라 실제적인 **집합적 자아**moi collectif가 신기한 결과로서(그 구성원들이 단지 그 조건에 불과한 결과로서) 구성원들 사이에 놀랍게도 느닷없이 나타나는 것을 우리는 결코 볼 수 없다. 집단 전체를 대표하고 상징하는 한 명의 구성원이나, 각자가 특수한 측면에서 집단을 마찬가지로 완전히 개별적으로 표현하는 소수의 구성원들(한 나라의 장관들)은 아마도 언제나 있을 것이다. 그러나 이 우두머리나 우두머리들도 역시 언제나 그들의 부모에게서 태어난 집단구성원이지, 그들의 신하나 피통치자에게서 집단적으로 태어난 것이 아니다. 그런데 의식이 있는 인간들의 일치는 어느 사회에서든 그러한 위력이 없는데, 의식이 없는 뇌세포들의 일치는 왜 발달되지 않은 뇌에서도 의식을 매일 무無에서 불러일으키는 능력을 갖고 있는가?

## VI

이와 같이 해서 더 할 나위 없이 빛나는 우리의 관점인 사회학적 관점을 현상들에 보편적으로 확대하는 것은 조건과 결과 간의 과학적인 관계를 근본적으로 바꾸게 된다. 또한 다른 측면에서도 그러한 확대는 그 관계에 깊은 변화를 불러일으킨다. 모나드론에 대한 주요 반론은 — 내가 이미 말한 것처럼 — 모나드론이 현상의 정점頂點에 주는 만큼이나 또는 그 이상으로 현상의 밑바닥에도 복잡성을 주거나 주는 것 같다. 모든 것을 설명할 수 있다고 우리가 믿는 그 동인[모나드]들의 정신적 복잡성을 어떻게 설명하겠느냐고 우리에게 묻는 사람도 있을 것이다. 믿음과 욕망이 모나드들의 존재 전체라고 가정한다면, 나는 사람들이 주장하는 복잡성은 부정된다고 이미 대답한 바 있다. 그러나 내 생각에, 그 모나드들의 내용이 그러한 것에 국한되지 않는다고 생각하는 사람도 있을 수 있다. 내가 모나드들에게 그 밖에 무엇을 부여하는지에 대해서는 곧 말할 것이다. 따라서 앞서 말한 반론을 다시 다루면서, 나는 매우 널리 퍼져 있는 편견에 근거를 둔 그 반론을 근본적으로 비판할 것이다. 그 편견에 따르면, 결과는 그 조건보다 언제나 더 복잡하며 행위는 행위자보다 더 분화[차이화]한다. 여기서는 보편적인 진화란 필연적으로 동질적인 것에서 이질적인 것으로의 이행(즉 점진적인 꾸준한 분화)이라는 결론이 나온다. 스펜서 씨는 특히 동질적인 것의 불안정성에 대해 쓴 장章에서[29], 이러한 겉모습을 당당하게 법칙으로 세워 공식화하는 공적을 남겼다. 하지만 진실은 차이가 점점 차이나며, 변화가 점점 변해간다는 것이다. 이처럼 변화와 차이는 자기 자신을 목적으로 삼으면서 그 필연적이며 절대적인 성격을 증명한다. 그러나 차이와 변화가 세계에서 증가한다거나 감소한다는 것은 지금까지 증명되지 않았으며 앞으로도 증명되지 않을 것이다. 우리가 그 안에서 인식할 수 있는 유일한 세계인 사회세계를 관찰한다면, 행위자 즉 인간이 통치기구, 법이나 믿음의 체계, 사전이나 문법 등 이런 것들에 의해 유지되는 것보다 훨씬 더 분화[차이화]되어 있고 개인마다 특징이 있으며 또 훨씬 더 풍부하게 지속적으로 변하는 것을 우리는 보게 된다. 하나의 역사적 사실은 그 행위자들 중 한 사람의 어떤 정신상태보다 더 단순하고 분명하다. 게다가 사

---

**29** 《First Principles》(1887년 출간).

회집단의 인구가 늘어나고 사회구성원들의 뇌가 새로운 관념이나 감정으로 가득 찰수록, 그들의 행정, 법, 교리, 언어 구조 등의 기능은 규칙화되고 단순해진다. 이는 과학이론이 더 많은 더 다양한 사실들로 채워질수록 그 과학이론이 규칙화되고 단순해지는 것과 같다. 오늘날의 기차역은 중세의 성보다 훨씬 더 다양한 자원과 노동을 이용함에도 불구하고, 중세의 성보다 더 단순한 획일적인 유형으로 건설되고 있다. 이와 동시에 우리는 다음과 같은 것을 보게 된다. 즉 문명의 진행이 몇 가지 점에서는 개인들을 다양화시키지만, 이는 그들의 법, 습속, 관습, 언어가 점점 획일화되면서 그들을 다른 점에서는 점차 평준화한다는 조건에서만이라는 사실을 보게 된다. 일반적으로 이 집단적인 특징의 유사는 개인들의 지적 및 도덕적인 차이를 촉진시키며, 그들의 활동 범위를 확대시킨다. 게다가 문명화가 일어나는 결과로 제도, 관습, 의복, 산업생산물 등이 어느 특정한 영토에서는 **지역마다** 훨씬 덜 다르지만, 어느 특정한 시간에서는 **순간마다** 훨씬 더 다르다.

**동질적인 것의 불안정성**이라는 문구에 대해 생각해보자. 이 문구는 사물이 동질적일수록 그 내적 균형이 불안정하다고 가정한다. 그렇다면, 절대적으로 동질하다고 가정할 경우 사물은 변하지 않고서는 한순간도 존속할 수 없을 것이다. 그렇지만 공간이 우리에게 알려져 있는 단 한 유형의 절대적 동일성이라는 것은 주목할 만하다. **스펜서 씨가 주장하는 공간의 실재성**을 인정한다면 말이다. 그 법칙이 사실이라면, 완전히 동질적인 부피인 점들로 이루어진 이 체계가 시간이 생겨난 이후 변함없는 상태로 지속되는 것은 어떻게 일어날 수 있는가? 공간의 이 실제적인 성격을 부정한다면, 논증은 더 이상 실효를 거두지 못한다. 그럼에도 불구하고 소위 법칙이라는 그것은 이질성에서 생겨나는 상대적인 동질성을 보여주는 수많은 예와 모순된다. 그 가장 두드러진 예는 인간사회나 동물사회를 관찰하면 나온다. 종종 아주 복잡한 동물인 폴립polype들의 집합체는 일종의 가장 기초적인 수생식물인 폴립의 군생체polypier를 형성한다. 부족이나 국민으로의 인간 결집은 일종의 하등식물인 언어를 낳는데, 철학자들은 ― 그들 고유의 표현을 사용하면 ― 그 역사적인 생장生長, 발달, 개화를 연구한다.

따라서 ― 반복해서 말하지만 ― 과학에 사회학적 정신을 불어넣는 것은 과학을 내가 반박하는 편견에서 벗어나게 하는 데 특히 알맞을 것이다. 그러면 이 위대하고 아름다운 차이화 원리를 어떤 의미로 이해해야 하는지 알게 될 것이다. 스펜서 씨는 이 원리를 아주 잘 확대했지만, 그것을 보편적 조정이라는 마찬가지로 확실한 원리와 적절하게 일치시키지는 못했다고 나는 생각한다. 멀리서 뿌옇게 나타나는 거대한 성운은 아마도 그것이 우리에게서 멀리 떨어져 있기 때문에만 동질적인 것처럼 보일 것이다. 이것이 모든 우주 생성 이론의 출발점이다. 요소들이 응집해 비슷한 원자가 되고, 원자들이 응집해 분자가 되고 다시 구형球型의 천체가 되며, 요소들이 응집해 세포가 되고 이하 마찬가지가 되는 것은 나중의 상위의 다양성을 위해서 그 이전의 다양성을 얼마나 희생시켰는지 우리는 알고 있는가? 상위라고 해서 그것이 다양성이 늘어났다는 것을 의미하지는 않는다는 사실을 나는 인정한다. 자유롭게 떠돌아다니는 미개인들이 중소부족이 되고, 중소부족이 고정된 제도라는 축 주위에서 빙빙 돌며 한 곳에 머무르려면 얼마나 많은 희생이 있었겠는가? 우리는 이에 대해 조금은 잘 알지만, 충분하게는 알고 있지 못한다. 참, 우리 눈 앞에서는 관례, 의상, 생각, 억양, 신체유형의 지방적 다양성이 현대의 균일화 즉 무게와 크기의 단위, 언어, 억양, 대화 자체에서의 통일성으로 대체되고 있다. 그런데 이러한 균일화는 관계를 맺는 것, 말하자면 모든 정신이 활동하고 더 자유롭게 특색을 나타나며 발휘되기 위한 필요조건이다. 이때, 시인이나 예술가가 흘리는 눈물은 그 균일화의 이점利點 때문에 희생된 사회의 생동감의 비용에 대한 증거다. 새로 개화된 차이들이 더 이롭다고 해서(왜냐하면 그것들은 더 많은 욕망에 대답하기 때문이다), 그 차이들이 예전의 차이들보다 더 중요한가? 그렇지 않다. 불행하게도 우리에게는 우리가 모르는 것이면 그 모두를 동질적이라고 생각하는 이해할 수 없는 성향이 있다. 우리는 지구의 옛날 지질학적 상태에 대해서는 현재의 상태에 대한 것보다 아는 바가 훨씬 적기 때문에, 우리는 그 옛날 상태가 현재보다 덜 분화[차이화]된 것이 확실하다고 여긴다. 라이엘Charles Lyell[30]은 이 편견에 대해 자주 항의하지만 말이다. 망원경이 우리에게 성운의 다양한 형태, 이중성이나 변광

---

**30** 영국의 지질학자(1797–1875).

성과 같은 별의 유형의 다양한 형태를 보여주기 전에는, 이미 알고 있는 하늘 너머에 있는 하늘은 변하지도 변질되지도 않는다고 우리는 일반적으로 공상하지 않았는가? 그리고 무한히 작은 것에는 무한히 큰 것보다 아직도 우리의 관찰이 미치지 못하고 있는데, 그 무한히 작은 것에서 우리는 여전히 수많은 형태의 현자[연금술]의 돌을 꿈꾸고 있지 않은가? 화학자는 동일한 원자를, 생물학자는 소위 동질적인 원형질을 꿈꾸고 있지 않은가? 그러나 겉으로는 구분되어 있지 않아도 과학자가 깊이 파고 들어가는 곳이면 어디서나 그는 예상치 못한 차이의 보고寶庫를 발견하게 된다. 극미동물은 동질적인 것으로 여겨졌다. 에렌베르크Christian Gottfried Ehrenberg[31]는 현미경으로 극미동물을 관찰했는데, 그때부터 "그의 모든 연구의 혼은" 적충류[32]에서 인간에 이르기까지 "모든 동물은 복잡하다는 신념이다"라고 페리에 씨는 말한다. 고체와 액체는 기체보다 우리의 감각이 더 잘 접근할 수 있고 또 기체는 에테르의 성질보다 더 잘 접근할 수 있기 때문에, 우리는 고체나 액체가 기체보다 서로 더 많이 다르다고 간주한다. 그리고 물리학에서는 단수형 에테르éther라고 말하지 복수형 에테르들éthers이라고 말하지 않는다(라플라스는 이 복수형을 사용하지만 말이다). 마찬가지로, 만일 우리가 기체를 그 화학적 속성은 제쳐놓고 그 물리

---

31 독일의 생물학자이자 현미경학자(1795–1876).
32 건초乾草 따위에서 스며 나오는 액체 속에 나타나는 삭은 동물이라고 하여, '원생동물 심모충강'을 달리 이르는 말.

적 효과로만 인식한다면 그 효과가 두드러지게 비슷하기 때문에, 우리는 기체$_{le\ gaz}$라고 말하지 기체들$_{les\ gaz}$이라고 말하지 않을 것이다. 수증기는 결정화되면 수많은 다양한 바늘 모양의 얼음이 되거나 아니면 단순히 액화되어 흐르는 물이 되는데, 이 응축은 정말로 – 사람들이 그렇게 생각하는 경향이 있는 것처럼 – 물 분자들에 내재하는 차이가 커진 결과인가? 그렇지 않다. 물 분자들이 결정화하기 전에 기체 형태로 자유롭게 분산되어 있었다는 것을 잊지 말자. 그 물 분자들은 모든 방향으로 운동하였으며, 서로 충돌했을 때의 충격도 서로 간의 거리도 무한히 다양하였다. 이것은 차이의 감소가 있었다고 말하는 것인가? 그것도 아니다. 그것은 어떤 종류의 차이(즉 내부의 차이)가 다른 종류의 차이(즉 외부의 차이)로 대체되었다는 것을 말하는 것에 불과하다.

존재한다는 것은 차이가 난다는 것이다$_{Exister\ c'est\ différer}$. 사실 차이란 어떤 의미에서는 사물의 실체적인 측면이다. 즉 사물들에는 가장 고유한 동시에 가장 공통된 것이다. 바로 거기서 출발해야 한다. 그리고 동일성을 포함한 모든 것은 이 차이로 되돌아가기 때문에, 그 차이를 동일성에서 출발해 잘못 설명하지 않도록 주의해야 한다. 사실 동일성은 차이의 최소치$_{minimum}$에 불과하며, 결국 일종의 차이, 그것도 극히 드문 종류의 차이에 지나지 않는다. 이는 휴식이 운동의 한 경우에 불과하며, 원이 타원의 특이한 한 변종에 지나지 않은 것과 같다. 원초적인 동일성에서 출발하는 것, 이것은 그럴 가능성이 대단히 없는 단일성, 서로 다른 동시에 유사한 다수의 존재들 간의 있을 수 없는 우연한 일치, 또는 단 하나의 단순한 존재가 나중에 알 수 없는 이유로 분할되었다는 이해할 수 없는 수수께끼를 처음부터 가정하는 것이다. 이것은 어떤 의미에서는 고대 천문학자들을 모방하는 것이다. 이들은 태양계를 공상적으로 설명할 때, 원이 더 완전하다는 구실로 타원에서 출발하지 않고 원에서 출발했기 때문이다. 차이는 우주의 시작이자 끝이다. 모든 것은 차이로 시작한다. 그 타고난 다양성만이 ─ 여러 종류의 고찰은 이 다양성을 그럴듯하다고 여기게 한다 ─ 내가 보기에 그 다수성을 정당화하는 요소들에서는 그렇다. 모든 것은 차이로 끝났다. 사상과 역사에서의 수준 높은 현상에서는 그렇다. 이런 현상에서는, 차이가 예를 들면 원자의 선회나 생명의 선회처럼 자신이 갇혀 있었던 좁은 원[범위]을 마침내 부수고는 그 자신의 장애물에 의지하면서도 그 장애물을 넘어서며 자신을 변화시킨다. 현상의 모든 유사나 반복은 내가 보기에는 다소간에 사라진 기초적인 다양성과 이 부분적인 희생을 통해 얻어진 초월적인 다양성 사이의 불가피한 중간상태에 지나지 않는 것 같다.

아니, 보다 자세하게 말해보자. 충분히 오랫동안 지속된 모든 진화에서는 우리가 현상의 여러 층의 연속과 교차를 보게 되는데, 이 연속과 교차는 그 현상의 여러 층이 나타내는 관계의 규칙성과 변덕, 영속성과 순간성 때문에 교대로 눈에 띤다. 사회라는 예는 이 중대한 사실을 파악하게 하는 동시에 이 사실의 진정한 의미를 시사하는 데

정말로 아주 적합하다. 왜냐하면 사회는 동일성과 차이(즉 구분되지 않는 것과 특징이 있는 것)가 서로를 연속해서 여러 번 이용하는 경우 첫 번째 항과 마지막 항이 차이라는 것을 보여 주기 때문이다. 이때 이 차이라는 특성은 모든 사물의 밑바탕에서 요동치는 기묘하며 설명할 수 없는 것으로, 계속해서 사라진 다음에는 언제나 더 분명하면서도 더 생생하게 다시 나타난다. 사람들은 모두 다양한 억양, 음정, 목소리, 몸짓으로 말한다. 이것이 조화되지 않는 이질성으로 이루어진 진정한 혼란인 사회적인 요소다. 그렇지만 마침내는 이 혼란스러운 바벨탑에서 일반적인 언어 습관이 흘러나오며, 이 습관은 문법으로 정식화된다. 문법은 말하는 많은 사람들을 함께 교류하게 한다. 하지만 그것은 이번에는 사람들이 각자 자기 생각의 고유한 표현(즉 다른 종류의 불일치)을 두드러지게 하는 데만 소용될 뿐이다. 그리고 문법은 그 자체가 더 고정되고 획일적인 것이 되면 될수록 정신을 더욱더 다양화하는 데 성공한다. 그 예로 시인을 생각해 보자. 시인은 새로 생겨난 언어를 낚아채서 그것을 자신의 무질서한 상상에 맞춰 쓴다. 그렇지만 요람기가 지나면, 음조音調가 정식화되고 운율법이 강요된다. 인도시든, 그리스시든, 프랑스시든 상관없다. 획일성이 새로 나타난다. 그것은 결국 무엇에 쓰이는가? 시인들의 상상력을 더 잘 펼쳐서 그들의 고유한 뉘앙스를 빛나게 하는 데 쓰인다. 말하자면 시정詩情의 날개가 리듬에 맞춰 펄럭거리는 것이 규칙화되면 될수록 그 시정의 발휘가 더욱더 변덕스러워지는데, 이는 주목할 만한 것이다. 섬세한 규칙을 따르는 빅토르 위고의 운율은 라신Jean Baptiste Racine[33]의 그것보다 더 복잡한 동시에 더 엄격하다. 우리는 시인이 아니라 과학자를 살펴볼 수도 있었을 것이다. 하지만 과학자를 관찰했어도 그 결과는 똑같았을 것이다. 각각의 과학자는 공통된 언어 덕분에 다른 학자들의 연구를 이용하지만, 그들과는 별개로 연구한다. 그는 자기가 몰두하는 연구에 자신의 정열과 혼을 넣는다. 따라서 그의 연구는 모두 특징이 있으며 개성적이다.

만일 형성 중에 있는 하나의 과학(예를 들면 유기화학, 기상학, 언어학)을 함께 공들여 만드는 연구자 모두를 한 장소에 모을 수 있다면, 그 어떤 복마전[대혼란의 장소]도 기괴함에서는 이 과학의 격전장에 필적하기 못할 것이다. 그렇지만 거기서는 차갑고 단조로운 비개인적인 대건축물이 만들어지며, 그 건축물에는 그것을 세운 여러 색채의 심리상태의 흔적조차 전혀 남아있지 않을 것이다. 하지만 기다려보라. 과학이 진보의 최종적인 말이 될 수는 없을 것이다. 과학이 완성되고 완전해져 하나의 최종적인 교의로 요약되어서 모든 사람의 기억 한 구석에 편안히 자리 잡았다고 가정해보자. 그래도 인간의 뇌에는 그 과학을 다른 용도로 이용할 수 있는 에너지가 우리가 현재 상상할 수 없을 만큼 엄청나게 많이 있다. 그때에는, 과학 원리가 완전히 체계화되고 모두에게 전파되는 그 최종적인 최고의 존재이유가 가설, 철학

---

**33** 프랑스의 시인(1639-1699), 고전 비극의 대표적인 작가.

의 이단, 무한히 늘어난 개인적인 체계, 기이할 정도로 서정적이며 드라마틱한 공상의 놀라운 전개에 있다는 것이 분명해진다. 그리고 각각의 정신에서 자신의 특별한 뉘앙스를 보편화해 세계에 자기 도장을 찍고 싶은 강렬한 욕구는 [과학이라는] 비개인적인 지식 덕분에 그러한 것들에서 완전히 충족될 것이다. 지능을 끝까지 밀고나가더라도, 그것은 결국 상상력을 보조하는 것에 지나지 않을 것이다.

사회 진화를 경제, 행정, 군사 측면에서 생각해보자. 여기서도 똑같은 법칙이 지배한다. 산업의 초기 단계에서는 각자가 자신이 좋다고 생각하는 것을 자기 마음대로 만들었다. 이 단계에서 두 번째 단계로 빠르게 넘어가면, 고정된 전통적인 제조방법을 지닌 직업이나 동업조합이 확립된다. 이때는 그 고정된 전통적인 제조방법이 재능을 질식시키는 것 같다. 재능은 쓸모없거나 거추장스러운 것이 되어 버렸다. 그러나 반대로, 이러한 구속 자체에 의해서 발명과 예술의 재능은 강화되며, 전과는 비교할 수 없을 만큼 더 풍부해져 그 구속에서 벗어난다. 상업의 초기 단계에는 고정된 일반가격이 없었다. 따라서 끊임없이 흥정했으며, 개인적인 교활함이나 술책을 부리기에 좋았다. 이 단계에서 주식시장이라고 불리는 특별한 온도계를 갖춘 현대의 거대한 시장의 획일적이며 규제되는 시가市價로 넘어간다. 그리고 마침내 경제적 사실 전체의 규칙성과 소위 물리적 필연성은 수의 권위로 개인의 솜씨를 무력화하기는커녕, 광적인 투기충동이나 기업정신이 그것을 마음대로 지배하거나 농락하는 데 도움을 준다. 여기서는 경기에 참여하는 자들의 아주 작은 심리적인 특성도 승리나 갑작스런 파국을 가져올 수 있지만, 공식은 있을 수 없다. 갓 태어난 국가의 행정은 일관성이 없고 불규칙하였다. 그렇지만 그후 점차 행정이 통일되고 고정화되면서 중앙집권화가 일어나 그 모든 것이 정치인의 최대 영광을 위해 움직이게 된다. 이 국가라는 기계의 운전수인 정치인은 그 기계를 이용해 역사적인 위업을 수행한다. 이 역사적 위업은 그것을 일으킨 사람들과 마찬가지로 지상에서 일어난 독특한sui generis 놀라운 사건들이다. 마지막으로, 미개인들의 규율 없는 무리는 우리의 멋진 기계적인 군대에 자리를 내준다. 여기서는 개인이 아무 것도 아니다. 즉 위대한 지휘관의 수중에 있는 단순한 도구에 불과하다. 그 지휘관은 개인에게 이름과 날짜가 있어 각기 다른 어떤 전투를 개시하게 하기 때문이다. 전투에서는, 작전을 수행하는 그 지휘관의 특수한 심리상태가 전쟁터의 거대한 규모로 크게 재현된다.

따라서 우리는 이러한 예들을 통해 다음과 같은 것을 알게 된다. 즉 질서와 단순함이 기이하게도 복합체에 나타났다가(질서와 단순함이 그 요소들과 무관함에도 불구하고) 다시 상위의 복합체 속에서는 사라지며, 이런 식으로 계속된다는 것이다. 그렇지만 여기에서는(우리가 그 일부를 이루는 사회진화와 사회 집합체에서는) 우리가 연쇄의 양 끝, 즉 건축물의 가장 낮은 돌과 가장 높은 돌을 동시에 파악할 수 있는 이점이 있기 때문에, 우리는 질서와 단순함이 단지 중간항에 지나지 않는다는 것을 알게 된다. 말하자면, 질서와 단순함은 어떤 의미에서는 기초적인 다양성이 승화되어 강력하게 변형되는 증류기다. 시인과 철학자는 본질적으로, 그리고 이차적으로 발명가, 예술가, 투기가, 정치가, 전략가는 결국 어떤 국민이든 국민이라는 나무의 끝에서 피어나는 꽃이다.[④] 초사회적인 것이든 반反사회적인 것이든 간에, 선천적으로 유산된 씨앗들도 모두 그 꽃을 피우려고 애썼다. 이 씨앗들은 각각의 시민이 세상에 태어나면서 가지고 나온 것인데, 교육이라는 필수불가결한 잘못된 쟁기가 요람에서부터 그 씨앗들 대부분을 죽여버렸다.

사회 계열에서 첫 번째 항인 이 특징적인 선천성은 동시에 생물 계열에서는 마지막 항이다. 이번에는 생물 계열을 거슬러 올라가보자. 제일 먼저 우리는 조화롭게 구성되고 수세기에 걸쳐 규칙적으로 반복된 특수한 유형과 만나게 되는데, 그 특징적인 선천성은 이 특수한 유형의 변이다. 그 다음에는 임계기臨界期[34]와 만난다. 이 시기에 그 유형이 형성된 것은 여러 가지 원인이 묘하게 병존하고 일치했기 때문이다. 그 다음에는 그 이전의 유형(그 특수한 유형은 여기서 생겨났다)이나 그와 유사한 형성과정과 만난다. 그 다음에는 세포와 만나며, 마지막

---

④ 나는 결코 그들을 동렬同列에 놓지 않는다. 다른 차이점 중에서도, 저마다 자기 나름의 시정詩情, 자기 나름의 철학이 있는 완성된 문명 생활을 바라거나 꿈꿀 수 있다. 그러나 모두가 위대한 발견을 하고, 복권에서 일등 당첨이 되고, 정치적 또는 군사적 역할을 하는 생활은 꿈꿀 수 없다.

34 생물의 발달 과정에서 어떤 시기에 적절한 자극을 주면 그 시기에 한해 반응이 확립되어 나중의 발달에 유리하게 작용하는 시기.

으로는 원형질과 만난다. 이것은 형태가 없거나 갑작스런 변덕으로 갖가지 형태를 취하기 때문에, 어떤 공식으로도 그 모습을 파악할 수 없다. 여기서도 생동감 있는 다양성이 시작이자 끝이다.

참, 생물 계열에서 첫 번째 항인 원형질은 또한 화학 계열에서 마지막 항이 아닌가? 이번에는 화학 계열을 거슬러 올라가면, 우리는 분자 유형을 보게 된다. 거슬러 올라갈수록 이 분자 유형은 유기화학적인 측면에서의 복잡성이 점점 감소하며 무기화학적인 측면에서의 복잡성도 마찬가지로 줄어든다. 분자 유형은 모두 규칙적으로 구성되었으며, 아마도 주기적이며 리듬이 있는 운동의 조화로운 사이클로 이루어져 있을 것이다. 그렇지만 그 각각은 위기로 인해 혼란스러워지거나 결합의 질서가 무너지면 서로 분리된다. 이런 식으로 우리는 추론을 통해 원자에 도달하거나, 아니면 다른 원자들로 구성된 가장 단순한 원자단原子團에 도달한다. 그런데 바로 이것이 최초의 요소인가? 그렇지 않다. 왜냐하면 가장 단순한 원자는 하나의 물질 유형, 사람들이 말하는 바로는 하나의 소용돌이, 특정한 종류의 진동 리듬, 십중팔구는 무한히 복잡한 어떤 것이기 때문이다. 라디오미터 radiomètre[35]의 발명으로 인해 극도로 희박해진 기체에 대한 연구가 가능해지면서 기체의 원자를 개별적으로 관찰할 수 있게 되었는데, 이러한 연구 이후 원자의 복잡성을 증명하는 근거가 전보다 더 많이 생

---

35 복사에너지나 조명도 등을 측정하는 장치. 복사계輻射計라고도 한다.

겨났다. 이 초超기체 형태의 세계에서는 예를 들면 광선이라고 해서 언제나 직진하는 것이 아니다. 우리가 개개의 요소에 접근할수록, 관찰된 현상들의 가변성이 더 크다. 클러크 맥스웰James Clerk Maxwell[36]은 동일 기체 속의 분자 운동에 대해서, 그 평균적인 속도가 일정해도 각 분자의 운동 속도는 아주 다르다는 것을 밝혔다. 런던왕립협회의 스포티스우드William Spottiswood는 다음과 같이 말한다:"실제로 우리가 현재 파악하고 있는 자연의 단순함이란 무한한 복잡함의 결과다. 그리고 겉으로는 획일적인 것처럼 보여도 그 획일성 밑에는 우리가 그 깊이나 비밀을 아직도 조사하지 못한 다양성이 있다." 크룩스William Crookes[37] 씨도 방사성 물질에 대해 똑같은 생각을 나타낸다:"미래의 가장 중요한 문제들은 (무한히 작은 것이라는) 이 탐구되지 않은 영역에서 그 해결책을 얻게 될 것이다. 거기에 있는 것은 아마도 **기본적이면서도 미세하고 경이로우며 심원한 실재**일 것이다." 그가 최종적인 요소들을 ─ 일반적으로 하듯이 ─ 획일적인 유형의 동일한 것들이라고 생각했다면, 자신의 생각을 그런 식으로 표현했겠는가? 모든 화학 물질은 우리 생각에는 에테르에 전해진 특수한 진동으로 표현되기 때문에, 일정한 방식으로 진동하는 이 능력이 모든 비슷한 원자에서는 동일하며 이 원자들에게는 다른 능력이 없다고 사람들은 생각하는 경향이 있다.

---

**36** 영국의 물리학자(1831–1879). 전자기학의 기초를 쌓았다.

**37** 영국의 화학자이자 물리학자(1832–1919). 방사성 물질의 스펙트럼 분석에 큰 업적을 남겼으며, 1875년 라디오미터를 발명해 기체 분자의 운동을 확인하였다.

이는 마치 소나무 숲이나 포플러 숲이 내는 소리를 멀리서 듣고는 그 단순하고 단조로운 획획 하는 소리나 그 살랑거리는 특별한 소리만으로, 소나무 잎과 포플러 잎이 독특하며 변치 않는 진동으로 이루어져 있다고 말하는 것이나 같다. 이렇게 해서, 사회나 생물과 마찬가지로 화학도 모든 위계와 모든 발전의 원리이자 끝인 보편적 차이의 필연성을 증언하는 것 같다.

사물의 중심에 있는 것은 다양성이지 통일성이 아니다. 이러한 결론은 게다가 세계와 과학을 언뜻 쳐다만 보아도 우리가 할 수 있는 일반적인 언급에서 도출된다. 어디서나 넘쳐 흐를 정도로 풍부한 유례없는 변이와 변조는 사람들이 생물종, 항성계라고 부르는 영원한 유형, 즉 갖가지 종류의 균형체에서 돌출하며, 결국은 그 균형체를 파괴하고 완전히 새로운 것으로 만든다. 그렇지만 우리가 사물의 원리라는 이름을 부여하는 데 익숙한 힘이나 법칙은 어디서도 다양성을 끝이나 목적으로 내세우는 것 같지 않다. 어떤 사람들은 힘이란 법칙에 봉사하는 것이며, 법칙이 모든 현상에 적용되는 것은 그 현상이 변화가 많은 반복이 아니라 완전한 반복인 한에서라고 우리에게 말한다. 분명히 모든 법칙은 주선율主旋律의 정확한 재생산이나 모든 종류의 균형체의 무한한 안정성을 유지해, 그것들의 변질이나 혁신을 막으려는 경향이 있다. 우리 태양계의 거대한 크랭크manivelle는 영원히 돌기 위해서 만들어진 것이다. 라플라스Laplace 이후에도 이 점에 대해 존속할 수 있었던 의문들은 르베리에Urbain Jean Joseph

Leverrier[38]가 제거하였다. 모든 생물종은 끝없이 영속하고 **싶어한다**. 생물종 안에는 자신을 유지하기 위해, 자신을 해치려는 모든 것과 싸우는 어떤 것이 있다. 모든 생물종이나 모든 정부나 마찬가지다. 아무리 허약한 내각이라도 그 본질적인 역할은 언제나 자신들이 권력의 자리에 영원히 있는 것이라고 말하면서 그렇게 믿고 또 그렇게 되기를 바라는 것인데, 이는 생물종도 마찬가지다. 수세기 전에 사라져 화석이 된 식물종이나 동물종도 **법칙**에 따른 자신감, 즉 지구만큼 오래 살 것이라는 겉으로는 근거 있는 확신을 자기 안에 갖고 있었다. 이 사라진 모든 것도 끝없이 지속될만 했으며, 물리적, 화학적, 생물학적 법칙에 의지하였다. 우리의 폭군이나 내각이 그들의 법이나 군대에 의지한 것처럼 말이다. 그리고 하늘에 그 잔해가 보이는 다른 많은 별처럼 우리의 태양계도 틀림없이 사라질 것이다. 그리고 분자 형태가 먼저 존재한 분자들을 희생시키고 시간의 흐름 속에서 생겨난 다음 사라지지는 않을지라도, [앞으로 어떻게 될지] 누가 알겠는가?

그런데 어떻게 이 모든 것이 사라질 수 있겠는가, 아니 사라질 수 있는가? 우주에 불변적이며 전능한 것으로 여겨지는 법칙, 즉 안정된

---

**38** 프랑스의 천문학자(1811–1877). 르베리에는 천왕성의 궤도가 불규칙하게 변하는 것을 보고 천왕성 바깥에 제8의 행성이 존재할 것으로 예상하고는 뉴턴의 중력법칙을 적용해 그 위치를 계산하였다. 마침내 르베리에의 예측에 따라 베를린 천문대장 요한 갈레가 1846년 9월 23일에 예측된 위치에서 1도가 채 벗어나지 않는 곳에서 해왕성을 발견하였다.

균형을 노리는 법칙들만 존재한다면 또한 그런 법칙들이 작용하는 이른바 동질적인 실체만 존재한다면, 어떻게 그런 일이 있을 수 있는가? 그런 실체에 대한 그런 법칙들의 작용이 어떻게 해서 저 다양성의 장엄한 개화를 낳아 매순간 우주를 젊게 해주고, 또한 저 예기치 못한 일련의 혁명을 일으켜 우주를 변모시킬 수 있는가? 아주 작은 장식음에 불과한 것일지라도 그것이 어떻게 해서 저 엄격한 리듬 속에 들어가 세계의 영원한 아리아를 조금이라도 꾸며줄 수 있는가? 다조로운 것과 동질적인 것의 결합에서 생겨날 수 있는 것이 지루함이 아니라면 무엇이란 말인가? 모든 것이 동일성에서 나오고 모든 것이 동일성을 목표로 하며 그것으로 향한다면, 우리를 눈부시게 하는 저 다양성이라는 강의 원천은 무엇인가? 확신할 수 있는 것은 사물의 밑바탕이 사람들이 추측하는 것처럼 그렇게 빈곤하고 생기 없으며 무미건조하지 않다는 것이다. 유형은 브레이크에 불과하고, 법칙은 댐에 지나지 않는다. 이것들은 내부에서의 혁명적인 차이의 범람을 막아보려고 하지만 헛수고를 할 뿐이다. 그 안에서는 미래의 법칙과 유형이 비밀리에 만들어지고 있기 때문이다. 그리고 이 미래의 법칙과 유형은 여러 개의 멍에를 겹쳐서 메고 있음에도 불구하고, 화학과 생물학의 규율이 있음에도 불구하고, 이성이 있음에도 불구하고, 천체역학이 있음에도 불구하고, 언젠가는 한 나라의 사람들처럼 결국 모든 장벽을 날려보내며 그 잔해 자체로 더 높은 수준의 다양성을 지닌 도구를 만들어낸다.

이 중대한 진실을 강조해 보자: 저 각각의 거대한 규칙적인 메커니즘, 즉 사회 메커니즘, 생물 메커니즘, 천체 메커니즘에서는 마침내 그것들을 부수는 모든 내부 반란이 비슷한 조건에 의해 야기된다는 것을 주목할 때, 그러한 진실로 나아간다. 그런데 이 비슷한 조건이란 그 메커니즘의 구성 요소들(그 법칙을 일시적으로 구현하는 여러 부대의 병사들)은 그것들이 구성하는 세계에 언제나 그 존재의 한 측면에서만 속하고 다른 측면에서는 그 세계를 벗어난다는 것을 뜻한다. 이 세계는 그 구성 요소들이 없으면 존재하지 못할 것이다. 그렇지만 그 구성 요소들은 이 세계가 없어도 여전히 [존재하는] 어떤 것일 것이다. 각각의 요소가 그의 부대에 편입되는 데서 갖게 되는 속성이 그 요소의 성질 전체를 형성하지 않는다. 그것은 여러 다른 부대에 소속했을 때 지니게 된 다른 성향이나 다른 본능도 갖고 있다. 마지막으로는 게다가 (우리는 이 귀결의 필연성을 앞으로 보게 될 것이다), 그 요소는 자기 자산資産, 자기 자신에서, 근본적인 고유한 실체에서 나오는 다른 성향도 갖고 있다. 따라서 자신이 그 일부를 이루기 때문에 자기보다 더 방대하지만 더 깊지는 않은 집합적인 힘 – 존재들의 여러 측면과 겉모습으로 이루어진 인위적인 존재에 불과한 집합적인 힘 – 에 대항해 싸울 때, 그 요소는 이 근본적인 고유한 실체에 의지할 수 있다. 이러한 가설은 사회적인 요소들로 쉽게 확인될 수 있다. 사회적인 요소들에 사회적인 것, 특히 국민적인 것밖에 없다면, 사회나 국민이 영원히 불변적일 것이라고 사람들은 주장할 수 있다. 그러나 사회나 국민이라는 환경에 대한 우리의 빚이 광범위함에도 불구하고, 분명한 사실은 우리가 거기에서 모든 것을 빚지지는 않는다는 것이다. 우리는 프랑스인인 동시에, 또는 영국인인 동시에 포유류다. 그리고 이런 자격으로 우리 피 속에는 우리에게 우리 동류를 모방하게 하고, 그들이 믿는 것을 믿게 하며, 그들이 원하는 것을 원하게 하는 사회적인 본능의 씨앗이 흐를 뿐만 아니라, 비사회적인 본능의 효모도 흐른다. 게다가 이 비사회적인 본능의 효모 중에는 반反사회적인 것도 있다. 정말로 사회가 우리를 완전히 만들었다면, 사회는 우리를 사회적인 존재로만 만들었을 것이다. 따라서 불화, 증오, 질투의 저 용암이 우리 도시에서 분출해 때때로 우리 도시를 덮어버리는 것은 유기체 생명의 깊은 곳에 있는 것 때문이다(우리는 그보다 더 깊이 있는 것 때문이라고 생각한다). 성적인 사랑이 전복시킨 모든 나라를 세어 보라. 성적인 사랑이 뒤흔들었거나 변질시킨 모든 숭배를 세어 보라. 그것이 부패시킨 모든 언어를 보라. 또한 그 성적인 사랑에 의해 세워진 모든 집단을 세어 보라. 그것이 감동시켰거나 개선시킨 모든 종교를 세어 보라. 성적인 사랑이 교화한 모든 야만적인 어휘를 세어 보라, 성적인 사랑이 그 활기였던 모든 예술을 세어 보라! 실제로 반란의 원천은 동시에 젊어지는 것의 원천이다. 사실 그 말의 가장 넓은 의미에서는 동국인이나 조상에 대한 **모방**만이 진정으로 사회적인 것이다.[5]

---

[5] 진보하는 사회에서는 사람들이 동국인들을, 일반적으로는 동시대인 모두를 점점 더 많이 모

사회의 요소[구성원]가 생물적 성질을 갖고 있다면, 생물체의 유기적 요소는 화학적 성질을 갖고 있다. 옛날 생리학의 오류 중 하나는 화학 물질이 유기체 속에 들어가면 그 속성을 모두 잃어버리며 생명의 신비한 영향력이 그 화학 물질의 가장 비밀스러운 깊은 곳까지 은밀히 파고 들어간다고 생각하는 것이었다. 현대의 새로운 생리학자들은 이 잘못된 생각을 완전히 사라지게 했다. 따라서 유기체의 분자는 서로 무관하거나 적대적인 두 세계에 동시에 속한다. 그런데 육체 요소의 화학적 성질이 그 유기적 성질에 대해서 이처럼 독립성을 지닌다는 사실이 우리가 생물 유형의 혼란, 일탈이나 행복한 재주조再鑄造를 이해하는 데 도움을 준다는 것을 부정할 수 있는가? 그러나 내가 보기에는, 더 멀리 나가서 다음과 같은 사실은 인정해야 할 것 같다. 즉 그러한 독립성만이 기관들 중 어떤 부분은 유전적인 생물 유형의 수용에 저항하는 이유를 이해시켜 주는 동시에, 생명(즉 순종적인 상태에 있는 분자들의 집단)이 새로운 유형의 채용을 통해 마침내는 반항하는 분자들과 타협하는 필연성을 이해시켜 준다는 사실을 말이다. 여기서 사실 진정으로 생물적인 것은 유전 유형에 따른 **생식**(세포의 영양섭취나 재생산은 그 하나의 경우에 불과하다)밖에 없다.

이것이 전부인가? 아마도 그렇지는 않을 것이다. 유추를 하다보면

---

방하며, 자기 조상들은 점점 덜 모방한다. 정체된 사회에서는 이와 반대되는 일이 일어난다. 그러나 어디에서나 언제나, 결합한다는 것은 동화한다는 것, 즉 모방한다는 것을 의미한다.

우리는 다음과 같은 생각이 든다. 즉 화학이나 천문학의 법칙 자체가 진공le vide에 근거하지 않으며, 오히려 그 법칙은 이미 내부에 특징이 있으면서 타고난 다양성(천체나 화학물질의 특수성과는 결코 일치하지 않는 다양성)을 지닌 작은 존재들에 작용한다는 생각이 든다. 우리가 화학 물질에서 유기체의 무질서나 사회의 혁명과 비교할 수 있는 질병이나 우연한 일탈의 흔적을 찾아볼 수 없는 것은 사실이다. 그렇지만 현재 화학적 이질성이라는 것이 존재하는 이상, 아주 먼 과거로 거슬러 올라가면 화학 형성들이 있었으리라는 것은 전혀 의심할 바 없다. 그 형성들이 동시에 일어났는가? 수소, 탄소, 질소 등이 어떤 무정형의 (전에는 화학적이지 않았던) 실체에서 같은 시간에 나타나는 것을 보았는가? 그런 일은 일어날 법하지 않거나 – 좀 더 정확하게 말해서 – 불가능하다고 판단한다면, 다음과 같은 것을 인정하지 않을 수 없다. 즉 첫 번째 원자 유형 – 예를 들면 수소의 원자 유형 – 이 진동을 통해 전해져 어느 한 점에서 모든 또는 거의 모든 물질적 공간에 퍼졌으며, 이 원초적인 수소가 긴 시간 간격을 두고 계속 분리되어, 단순한 것으로 여겨지는 다른 모든 물체가 형성되었다는 것을 인정하지 않을 수 없다(우리가 아는 바와 같이, 그 모든 물체의 원자 무게는 종종 그 수소 무게의 정확한 배수로 되어 있다). 그러나 그 요소들이 완전히 동질적이며 게다가 원초적으로 동일한 법칙에 지배된다는 가설에서는 그러한 분열을 어떻게 설명할 수 있겠는가? 이 법칙은 – 내가 보기에는 – 그 요소들의 구조가 동일하다면 틀림없이 그 성질도 같고 변하지 않을 것이라고 주장했을 것이다. 어쩌면, 원초적인 요소들이 관여한 천체의 진화에서 우연한 사건들이 일어나 이 사건들이 화학 형성을 낳았거나 일으킬 수 있었다고 말하는 사람도 있지 않을까? 불행하게도, 이 가설은 내가 보기에는 분광기spectroscope [39]의 발명으로 인해 아주 분명하게 부정되는 것 같다. 왜냐하면 이 기구에 의해서, 단순하다고 여겨지는 모든 물질이나 그것들 중 다수가 아주 멀리 떨어져 있는 행성이나 항성의 구성 요소에 들어있다는 것이 밝혀졌기 때문이다. 그 별들의 진화가 서로 독립적으로 이루어졌는데도 말이다. 상식적으로 말하면, 옷감이 옷보다 먼저 만들어진 것처럼 단순한 물질이 천체보다 먼저 형성되었다. 따라서 원초적인 실체의 연속적인 분할에는 단하나의 설명밖에 없다. 즉 그 실체의 미립자들이 서로 달랐으며 또한그 실체의 분열은 그러한 본질적인 상이성 때문에 일어났다는 설명밖에 없다. 그러므로 예를 들어 연속적인 많은 제거나 유출 이후 오늘날 존재하는 바와 같은 수소는 조화되지 않은 원자들이 뒤죽박죽으로 뭉친 옛날 수소와 확연히 다르다고 생각하는 것이 적절하다. 연속적으로 생겨난 각각의 단순한 물질에도 똑같은 관찰이 적용된다. 그각각의 물질은 힘이 다 빠져 축소되면서 균형 상태에 들어갔으며, 그손실 자체에 의해서 단단해졌다. 그렇지만 그렇다 하더라도, ㅡ 아주오래된 원자 유형이나 분자 유형이 그런 식으로 해서 얻은 놀라운 안

---

**39** 물질이 방출하거나 흡수하는 빛의 스펙트럼을 계측하는 장치.

정성에도 불구하고 – 그 각각의 유형에 남아 있는 요소들 간의 유사성이 완전할 가능성은 지극히 없다. 한 유형의 순화 과정이 끝나기 위해서는, 그 요소들 간의 내적 차이가 그것들의 공존을 더 이상 불가능하게 하지 않는 것으로 충분하다. 이 신비에 싸인 도시의 무한소 시민들은 우리에게서 아주 멀리 떨어져 있다.[6] 따라서 그들 간의 내부 불화의 소음이 우리에게까지 들리지 않더라도 놀랄 필요는 없다. 그리고 그들 간의 내적인 차이는 – 그 차이가 내가 생각하는 것처럼 존재한다면 – 우리의 조잡한 도구로는 측정할 수 없는 미세함을 갖고 있음이 틀림없다. 그렇지만 몇몇 요소의 형태가 여러 가지라는 사실은 그 요소들 간에 불화가 있다는 것을 충분히 말해 준다. 그리고 이에 대해서는 우리가 생명이 이용하는 주요 물질의 밑바탕에서는 (특히 탄소에서는) 분쟁과 혼합이 일어나고 있는 것이 아닌가라고 의심할 정도로 잘 알고 있다. 한 물질의 여러 원자끼리는 완전히 유사하다는 것을 학설로 세우고 싶다면, 한 물질의 원자들끼리 결합해 제라르Gerhardt가 수소의 수소화합물, 염소의 염화물 등이라고 부르는 것을 형성한다는 사실을 어떻게 인정할 수 있겠는가? 그러한 결합은 [원자

---

[6] 우리에게서 멀리 떨어져 있다loin de nous라는 말은 나는 다음과 같은 의미로 말하는 것이다. 즉 그것들의 작음과 우리의 상대적인 거대함 간의 광대한 거리라는 의미뿐만 아니라, 반대로 그것들의 **표면상의** 상대적인 영원성과 우리의 짧은 지속기간 간의 광대한 거리(이것은 아주 기이하고 어쩌면 공상적일지도 모르는 대조다)라는 의미로도 말하는 것이며, 또 그것들의 내적 성질과 우리의 내적 성질이 지극히 이질적이라는 의미로도 말하는 것이다.

들 간에] 적어도 성적性的인 차이에 비길만한 차이가 있다는 것을 전제로 하지 않는가? 성적인 차이는 동종의 두 개체를 친밀하게 결합시켜 주기 때문이다. 만일 이 차이가 없다면, 그것들은 서로 부딪치기만 할 것이다.

같은 원자끼리 결합되었을 가능성이 아주 분명한, 아니 거의 확실한 원소인 탄소는 순수한 상태에서 매우 다양한 형태(다이아몬드, 흑연, 석탄 등)를 나타낸다는 것에 우리가 주목한다면, 앞에서의 추론이 입증되었다고 생각해도 될 것이다. 변종이 가장 많은 물질이 그 구성원자들끼리 가장 힘차면서도 가장 명백한 결합을 나타낸다고 해서 조금도 놀랄 것은 없다 … 탄소, 이것이야말로 더할 나위 없이 분화[차이화]되는 원소다.

위르츠Wurtz는 말한다:"탄소끼리의 친화력은 탄소 결합의 무한한 다양성, 즉 엄청난 다수성의 원인이다. 이것이 유기화학의 존재이유다. 다른 원소는 다음과 같은 주요 속성을 탄소만큼 갖고 있지 않다. 서로 결합하며 사슬로 묶는 능력, 그 형태, 규모, 견고함에서 아주 다양한 골조, 어떻게 보면 다른 물질에 받침대로 쓰이는 골조를 형성하는 능력을 탄소의 원자들은 갖고 있다."

탄소 다음으로, 부분적으로든 전체적으로든 자기들끼리의 이러한 포화능력을 최고도로 나타내는 물질은 산소, 수소, 질소다. 주목할 만한 사실은 생명이 바로 이러한 물질을 이용한다는 것이다!

게다가 다음과 같은 위대한 사실은 우리에게 깊이 생각하게 한다.

그것은 생명이 어느 날 이 지구상의 어느 한 지점에서 시작되었다는 사실이다. 똑같은 물질들이 똑같은 요소들로 구성되었다면, 왜 다른 곳이 아니라 그곳에서인가? 생명이란 특별하면서도 아주 복잡한 화학적 결합에 지나지 않는다는 것을 인정하자. 그러나 그 생명이 다른 것들과는 다른 한 요소에서 생겨나지 않았다면, 어디서 생겨날 수 있었겠는가?

## VII

앞의 두 장章에서 우리가 보여준 것은 보편사회학의 관점이 다음의 두 가지 점에서 과학에 큰 공헌을 한다는 것이었다. 첫째, 조건과 결과의 관계를 오해해 실제적인 동인動因 대신에 속이 빈 실체를 잘못 놓는 것에서 과학을 구해내는 것이다. 둘째, 그 기초적인 동인들이 완전히 같은 종류의 것이라고 믿는 편견에서 과학을 구해내는 것이다. 그렇지만 이러한 두 이익은 순전히 소극적인 것이다. 나는 지금 우리가 똑같은 방법으로 요소들의 내적인 성질에 대해 어떤 적극적인 정보를 얻을 수 있는지를 보여주려고 시도할 것이다. 사실, 요소들이 다양하다고 말하는 것으로는 충분하지 않다. 그 다양성이 무엇으로 이루어져 있는지를 분명히 해야 한다. 이것은 약간 자세한 설명을 요구한다.

사회란 무엇인가? 우리 관점에서는 사회를 다음과 같이 정의할 수 있을 것이다. 즉 사회란 각자가 대단히 다양한 형태로 다른 모든 사람을 상호적으로 소유하는 것이다. 옛날 법에서처럼 주인이 노예를 일방적으로 소유하는 것, 아버지가 자식을 일방적으로 소유하는 것, 남편이 아내를 일방적으로 소유하는 것은 사회적 유대를 향한 첫 번째 발걸음에 불과하다. 문명화의 증대 덕분에 피소유자는 점차 소유자가 되며 소유자는 피소유자가 된다. 법의 평등에 의해. 인민주권에 의해. 서비스의 공정한 교환에 의해 고대 노예제가 상호화되고 보편화되며 각각의 시민이 다른 시민들의 주인인 동시에 하인이 될 때까지 말이다. 이와 동시에, 동료 시민들을 소유하는 방식과 그들에 의해 소유되는 방식은 나날이 늘어난다. 새로 만들어지는 모든 기능이나 모든 산업은 공무원들에게는 시민을 위해서 일하게 하고, 기업가에게는 소비자를 위해서 일하게 한다. 이런 의미에서 시민이나 소비자는 자신들에 대한 진정한 권리, 즉 전에는 갖지 못했던 권리를 획득한다. 반면에 그들 자신은 반대로, 두 얼굴을 지닌 이 관계로 인해 그 기업가나 공무원의 **소유물**이 되었다. 새로운 판로에 대해서도 똑같이 말할 수 있을 것이다. 철도 노선이 막 개통돼 중부 고원의 작은 마을에 생선을 처음 구입할 수 있게 해주면, 주민의 활동 영역은 어부들로 인해 늘어나며 어부들도 이제는 그 주민의 일부가 된다. 그리고 주민도 마찬가지로 이 어부 고객을 늘어나게 한다. 신문을 구독하면 나는 나의 신문 기자들을 소유하게 되며, 이 신문 기자들은 **그들의**

구독자를 소유하게 된다. 나는 나의 특수한 인간형, 나의 기질, 나의 건강을 소유하는 것처럼 나의 정부, 나의 종교, 나의 공권력을 소유하고 있다. 그러나 나는 또한 내 나라의 각료들이, 내 종교의 사제들이, 나의 면canton의 헌병들이 나를 그들이 지키는 무리 중 한 명으로 계산한다는 것도 알고 있다. 이는 인간형이 — 이것이 어디선가 구현되었다면 — 나를 그것의 특별한 변이 중 하나로만 볼 것이라는 것과 같다.

모든 철학이 지금까지는 있다[이다]Être라는 동사 위에 세워졌는데, 이에 대한 정의는 발견해야 할 현자의 돌인 것 같았다. 모든 철학이 갖다Avoir라는 동사 위에 세워졌다면, 쓸 데 없는 많은 논쟁이나 정신의 많은 제자리걸음을 피했을 것이라고 우리는 주장할 수 있다. 나는 있다[…이다]je suis라는 이 원리는 아주 섬세함에도 불구하고, 거기서는 나의 존재 이외의 그 어떤 다른 존재도 이끌어낼 수 없다. 거기서는 외부 현실의 부정도 이끌어낼 수 없다. 그러나 《나는 갖는다J'ai》라는 공리를 먼저 근본적인 사실로 가정하자. 그러면 가진 것l'eu[avoir의 과거분사]과 가지고 있다l'ayant[avoir의 현재분사]가 분리할 수 없는 것으로 동시에 주어진다.

갖다l'avoir가 있다l'être를 가리키는 것 같다면, 있다l'être는 확실히 갖다l'avoir를 함축한다. 있다라는 이 속이 빈 추상적인 개념은 어떤 사물, 즉 다른 존재의 속성/소유물propriété로밖에는 이해되지 않는다. 그리고 그 다른 존재 자체도 또 다른 존재의 속성/소유물로 이루어져 있으며, 이런 식으로 무한히 계속된다. 근본적으로 존재 개념의 내용 모두는 소유 개념이다. 그렇지만 그 역逆은 진실이 아니다. 있다l'être라는 것은 속성/소유물propriété이라는 관념의 내용 전부가 아니다.

　따라서 사람들이 자신에게서 발견하는 구체적이며 실질적인 개념은 이 소유 개념이다. 저 유명한《나는 생각한다. 그러므로 나는 존재한다cogito ergo sum》대신에, 나는 기꺼이 다음과 같이 말하고 싶다:《나는 욕망한다. 나는 믿는다. 그러므로 나는 가진다Je désire, je crois, donc j'ai.》있다être라는 동사는 어떤 때는 갖다avoir를 뜻하고, 어떤 때는 …와 같다egaler를 뜻한다.《내 팔은 뜨겁다Mon bras est chaud》라는 말은 내 팔의 열이 내 팔의 속성/소유물이라는 것을 의미한다. 여기서 est[ …이다. être의 3인칭 단수형]는 a[…을 갖다. avoir의 3인칭 단수형]를 뜻한다.《프랑스인은 유럽인이다Un Français est un Européen. 미터는 길이의 단위다le mètre est une mesure de longueur.》여기서 est는 …와 같다egale를 뜻한다. 그러나 이 같음égalité 자체는 그릇과 내용물의 관계, 종種과 유類의 관계, 아니 그 역逆에 불과하다. 즉 일종의 소유관계에 지나지 않는다. 따라서 있다[이다]être는 이 두 의미로 인해 갖다avoir로 환원될 수 있다.

　그 본질적인 불모성不毛性으로 인해 존재 개념에는 들어있지 않는 진전된 내용을 어떻게 해서든지 거기서 끌어내고자 한다면, 사람들은 그 존재 개념에 비존재le non-être를 대립시켜 이 비존재라는 말에 비상식적인[엄청난] 중요한 역할을 부여하게 된다(존재를 통해서는 우리의 긍정 능력이 표출되는 것처럼, 비존재를 통해서는 우리의 부정 능력이 헛되이 표출될 뿐인데도 말이다). 이러한 점에서는 헤겔의 체계를 존재철학la philosophie de l'Être의 마지막 말로 간주할 수 있다. 또한 사람들은 똑같은 길에 들어가, 생성devenir이나 소멸évanouissement처럼 이해할 수 없고 근본적으로는 모순된 개념들을 만들어내게 되었다. 이런 개념들은 옛날 독일 관념론자들의 텅 빈 공동 방목장에 불과하다. 이와는 반대로 이익gain과 손실perte, 즉 획득과 박탈이라는 두 관념만큼 분명한 것은 없다. 내가 소유의 철학la philosophie de l'Avoir이라고 부르고자 하는 것에서는 이 두 관념이 그 생성과 소멸이라는 개념들을 대신한다. 이 소유의 철학은 아직은 존재하지 않지만, 이름을 주고 싶다면 나는 그렇게 부를 것이다. 있다être와 있지 않다n'être pas 사이에 중간은 없다. 반면에 [소유의 경우에는] 많이 가질 수도 있고 적게 가질 수도 있다.

있다être와 없다non-être, 나moi와 내가 아닌 것non-moi, 이런 것들은 결실을 맺지 못하는 대립으로 진정한 상관관계를 잊어버리게 한다. 나moi와 진짜 대립되는 것은 내가 아닌것non-moi이 아니라, 나의 것mien이다. 있다être, 즉 가지고 있다l'ayant와 진짜 대립되는 것은 없다non-être가 아니라 가진 것l'eu이다.

진정한 의미에서의 과학의 흐름과 철학의 흐름 사이에 깊은 불일치가 나날이 심해지고 있는데, 이 불일치는 과학이 (과학에게는 다행스럽게도) 갖다Avoir라는 동사를 안내자로 삼은 것에서 유래한다. 과학의 눈으로는, 모든 것을 속성/소유물propriétés로 설명하지 실체[본질]

entités로 설명하지 않는다. 과학은 실체substance와 현상phénomène이라는 실망스러운 관계를 무시해 왔다. 실체와 현상이라는 것은 존재 l'Être를 둘로 나눈 공허한 두 개의 용어다. 과학은 원인과 결과의 관계를 절제하며 이용하였다. 이 관계에서는 소유가 그 두 형태 중 하나로만 나타난다. 가장 중요하지 않은 소유일지라도, 욕망에 의한 소유로만 나타난다. 그러나 과학은 **소유자**[속성의 주체]propriétaire와 **속성/소유물**propriété의 관계를 폭넓게 이용했으며, 불행하게도 그 관계를 남용했다. 과학이 그 관계를 남용한 것은 특히 다음과 같은 사실을 보지 못해 그 관계를 잘못 이해한 것에 그 이유가 있었다. 즉 그 어떤 소유자든 그의 진정한 속성/소유물은 일련의 다른 소유자들이라는 것을 보지 못했다. 예를 들면, 태양계의 각각의 천체나 각각의 분자가 지닌 물리적 역학적인 속성은 연장延長, 운동성 등의 말로 나타나는 것이 아니라, 다른 모든 천체나 다른 모든 분자라는 것을 보지 못했다. 하나의 분자를 구성하는 각각의 원자의 화학적 속성은 원자성이나 친화성이 아니라. 바로 그 같은 분자를 구성하는 다른 모든 원자라는 것을 보지 못했다. 한 유기체의 각각의 세포가 지니는 생물학적 속성은 피자극성, 수축성, 신경 분포[신경 자극 전달] 등이 아니라, 동일한 유기체(특히 같은 기관)의 다른 모든 세포라는 것을 보지 못했다. 여기서는 소유가 모든 **사회 내적인**intra-social 관계처럼 상호적이다. 그렇지만 그것은 일방적일 수도 있다. 주인과 노예, 농부와 가축의 **사회 외적인**extra-social 관계처럼 말이다. 예를 들면 망막이 소유하는 것은 눈에 비치는 것$_{la vision}$이 아니라, 빛에 의해 진동하는 에테르 원자다. 그렇지만 이 에테르 원자는 망막을 소유하지 않는다. 그리고 정신은 그 사고의 모든 대상을 정신적으로 소유하지만, 그 정신은 결코 이 모든 대상의 것이 아니다. — 이것은 운동성, 밀도, 무게, 친화성 등과 같은 추상적인 용어들이 아무 것도 표현하지 않으며 아무 것에도 대응하지 않는다고 말하는 것인가? 내 생각에는, 그 추상적인 개념들은 모든 요소의 실제적인 영역을 넘어선 곳에 조건부로 필연적인 영역(말하자면, 실제적이지는 않지만 확실한 영역)이 있다는 것을 의미하며, 또한 현실태와 가능태의 이 오랜 구분을 새로운 의미에서 파악하는 것이 공상적이지 않다는 것도 의미한다.

요소는 확실히 동인$_{agents}$이면서도 소유자$_{propriétaires}$다. 그러나 요소는 동인이 아니어도 소유자가 될 수 있다. 그렇지만 요소는 소유자가 되지 않으면 동인이 될 수 없다. 게다가 요소의 작용은 그 소유의 성질에서 일어난 변화로만 우리에게 드러난다.

자세하게 보면, 다음과 같은 것을 알게 될 것이다, 즉 과학적인 관점이 철학적인 관점보다 우월한 이유가 과학자들이 다행히도 근본적인 관계[소유자와 속성/소유물이라는 관계]를 선택했기 때문이라는 것과, 또한 과학의 모든 모호함이나 결함은 그 관계를 불완전하게 분석한 데서 나온다는 것을 알게 될 것이다.

수천 년 전부터 사람들은 존재의 여러 방식이나 다양한 정도에 대해서 목록을 작성해왔지만, 소유의 여러 종류나 다양한 정도를 분류할 생각은 결코 하지 못했다. 그렇지만 소유는 보편적인 사실이다. 그 여하한 존재의 형성이나 성장을 표현하는 데는 획득acquisition이라는 용어보다 더 좋은 것이 없다. 다윈과 스펜서가 유행시킨 대응correspondance이나 **적응**adaptation이라는 용어들은 애매하고 여러 가지로 해석되며, 보편적인 사실을 밖에서만 파악할 뿐이다. 새 날개는 공기에, 물고기 지느러미는 물에, 눈은 빛에 적응한 것이라는 주장은 사실인가? 그렇지 않다. 그것은 기관차가 석탄에 적응한 것이 아니며, 또는 재봉틀이 재단사의 실에 적응한 것이 아닌 것과 같다. 또한 체온의 내적 균형은 외부 온도의 변화에도 불구하고 혈관 운동 신경이라는 기발한 메커니즘에 의해 유지되는데, 이때의 혈관 운동 신경은 그 외부 온도의 변화에 적응한 것이라고 우리는 말할 것인가? ⟨…에 대항해 싸우는 것lutter contre⟩은 ⟨… 에 **적응하는 것**s'adapter à⟩의 특이한 방식일 것이다! 기관차는 — 이렇게 표현해도 괜찮다면 — 지상 수송에 적응한 것이고, 날개는 공중 수송에 적응한 것이다. 그리고 이것은 결국 다음과 같이 말하는 것이 된다. 즉 날개는 움직이기 위해서 공기를 이용하고, 기관차는 움직이기 위해서 석탄을 이용하며, 지느러미는 움직이기 위해서 물을 이용하는 것이라고 말하는 것이 된다. 이러한 이용이란 소유하기une prise de possession가 아닌가! 모든 존재가 바라는 것은 자신을 외부 존재에 어울리게 하는 것이 아니라, 그 외부 존재를 자기에게 어울리게 하는 것이다. 물리계에서의 원자나 분자의 결합, 생물계에서의 영양 섭취, 지성계에서의 인식, 사회계에서의 법과 같은 이 수많은 형태의 소유는 점점 더 섬세해지는 다양한 영역의 교차를 통해 한 존재에서 다른 존재로 끊임없이 퍼진다.

소유 형태가 다양하게 변하는 것처럼 소유 정도도 역시 한없이 다양하게 변한다. 예를 들면 천체들이 서로를 소유하는 정도는 그 거리의 제곱에 반비례하며 커지거나 작아진다. 유기체의 활력, 즉 그 부분들 간의 내적인 유대는 계속 올라가거나 내려간다. 사고는 깊은 잠에서 정신이 가장 뚜렷한 상태에 이르기까지 폭넓은 단계[범위]에 걸쳐 활동하는데, 이 단계는 세계에 대한 사고의 특별한 지배력의 증대를 나타낸다. 혼란에 빠졌던 어떤 나라에서 안전이 회복될 때, 각각의 시민은 자신이 그가 도움을 기대할 권리가 있는 동국인들(달리 말하면 그의 모든 동포)의 안전의 소유자라고 느끼며, 전보다 더 열렬하게 이들의 정당한 도움에 의지하지 않는가?

소유 형태가 물리적인 것이든 화학적인 것이든 생물적인 것이든 정신적인 것이든 사회적인 것이든 간에 (각 형태에서 있을 수 있는 세부 형태는 말할 것도 없이), 우리는 먼저 그 소유 형태가 일방적인 것인지 아니면 상호적인 것인지를 구분해야 한다. 두 번째로는, 그 소유 형태가 한 요소와 개별적으로 고려된 하나 또는 여러 다른 요소 사이에 확립되는지, 아니면 그 소유 형태가 한 요소와 다른 요소들의 불분명한 집단 사이에 확립되는지를 구분해야 한다. 이 두 번째 구분에 대해 한마디 하는 것으로 시작하자. 내가 한 명이든 여러 명이든 동류와 말로 의사소통하기 시작하면, 우리 각각의 모나드는 − 내 관점에서는

– 서로 움켜잡는다. 적어도 확실한 것은 이 관계가 한 사회적 요소와 (서로 다르다고 여겨지는) 다른 사회적 요소들의 관계라는 것이다. 이와 반대로 내가 바위, 물, 식물처럼 주위에 있는 자연을 보거나 듣거나 연구할 때는, 나의 사고 대상 각각은 하나의 완전히 폐쇄된 세계다. 이 세계를 구성하는 요소들은 한 사회집단의 구성원들처럼 아마도 서로를 알 것이며 또는 서로를 꽉 움켜잡고 있겠지만 말이다. 그렇지만 그 요소들은 나에게는 외부에 있는 덩어리로밖에 파악되지 않는다. 화학자가 할 수 있는 것은, 원자에 대해서는 결코 개별적으로 영향을 미칠 수 없다고 확신하면서 기껏해야 원자를 추측하는 것이다. 물질이란 – 그가 이해하는 바에 따르면, 또는 그가 사용하는 개념에 따르면 – 서로 다른 원자들이 꽉 들어찬 가루다. 이때 그 서로 다른 원자들 간의 구분은 그 원자 수가 엄청나게 많기 때문에 또한 그 원자들의 작용이 연속적인 것처럼 보이기 때문에 사라진다. 살아 있지만 의식이 없는 (나는 겉으로 보기에만 의식이 없다고 말하는 것이다) 세계에서는 우리의 모나드가 덜 혼란스러운 환영을 찾아내는가? 그럴 것 같다. 여기서는 이미 요소가 요소를 꿰뚫어 본다. 꽃을 가꾸는 처녀가 어떤 다이아몬드도 그녀에게서 불러일으키지 못하는 애정을 갖고 그 꽃을 사랑하는 것처럼 말이다.

그러나 모나드들이 드러내 놓고 생생하게 서로 움켜잡는 것을 보려면, 사회계에 도달해야 한다. 그곳에서는 모나드들이 친밀하게 서로 움켜잡으면서, 어떤 모나드는 다른 모나드 앞에서, 어떤 모나드는 다른 모나드 안에서, 어떤 모나드는 다른 모나드에 의해서 그 일시적인 성격을 완전히 발휘한다. 이것이 더 할 나위 없이 훌륭한 관계, 즉 전형적인 소유다. 그 외의 소유는 이것의 시초이거나 반영에 불과하다. 설득에 의해서, 사랑이나 증오에 의해서, 개인적인 위세에 의해서, 공통된 믿음과 의지에 의해서, 끊임없이 퍼지는 일종의 촘촘한 연결망인 계약의 상호연쇄에 의해서 사회의 요소들은 수많은 방식으로 서로 붙잡고 잡아당긴다. 그리고 이들의 협력과 경쟁에서 문명이라는 경이로운 현상이 태어난다.

조직과 생명의 경이로운 현상은 생명 요소에서 생명 요소로의, 아마도 원자에서 원자로의 그와 비슷한 작용에서 생겨나지 않겠는가? 나는 여러 가지 이유에서 그렇게 생각하고 싶지만, 그 이유들을 여기서 설명하면 너무 길어질 것이다. 화학 창조나 천체 형성의 경우에도 똑같지 않겠는가? 뉴턴의 인력은 확실히 원자에서 원자로 작용한다. 왜냐하면 제아무리 복잡한 화학 조작이라 해도 그것은 인력을 조금도 변화시키지 못하기 때문이다.

이상과 같다면 모나드에서 모나드로의, 요소에서 요소로의 소유 작용은 유일하게 진짜 결실을 맺는 관계일 것이다. 하나의 모나드나 적어도 하나의 요소가 아무 모나드들이나 요소들의 혼잡한 집단에 미치는 작용의 경우 또는 그 반대의 경우, 이 작용은 요소들 간의 결투나 결합에 의해 이루어진 훌륭한 성과를 우발적으로 교란시키는 것에 불과할 것이다. 요소와 요소의 관계가 창조적인 만큼이나, 요소와 집단의 관계는 파괴적이다. 그러나 그 둘 모두 필요하다.

　일방적인 소유와 상호적인 소유는 그래도 역시 필연적으로 결합되어 있다. 그러나 후자가 전자보다 우월하다. 상호적인 소유는 아름다운 천체 메커니즘의 형성을 설명해준다. 그곳에서는 상호적인 인력 덕분에 각각의 점이 중심이다. 상호적인 소유는 그 모든 부분이 서로 연대하고 있는 저 놀라운 생물 유기체의 창조를 설명해 준다. 그곳에서는 모든 것이 목적인 동시에 수단이다. 마침내 상호적인 소유에 의해서, 고대 자유도시와 현대 국가에서는 서비스의 상호성이나 권리의 평등이 우리의 과학, 산업, 예술의 놀라운 성과를 가져온다. 지적하고 싶은 것이 있다. 유기적인 존재들이 어떤 유일한 존재가 만들어낸 결과든 아니면 하나의 동질적인 실체가 규칙적으로 분화된 결과든 간에, 그 존재의 부분들이 전체를 위해 만들어졌다고 또는 전체가 부분들을 위해 만들어졌다고 간주하는 우리의 놀라운 재주에 대해서는 설명할 수 없을 것이라는 사실을 지적하고 싶다. 만들어진 존재, 보다 정확히 말해서 만들어진 대상은 만드는 존재와 관련해서는, 가구나 도구가 우리에게 해당되는 것 즉 수단이 되지 않을 수 없을 것이다. 어떤 궤변놀이로도 수단을 우리 행위의 목적으로 간주할 수는 없을 것이다. 단 하나의 실체가 자연발생적으로 분열되어 개별적인 존재들이 창조되었다고 판단하는 사람들은 다음과 같은 것을 모르는 것이다. 첫째, 그 실체가 자기 안에 어떤 목적을 갖고 있지 않다면, 왜 그것이 그 처음의 차이 없는 상태에서 벗어났는지를 이해하지 못할 것이다. 둘째, 어떠한 차이화[분화]도 일어나기 전에, 세계에 단 하나밖에 없는 그 실체는 자신의 목적을 달성하기 위해 왜 똑바로 가지 않고 돌아갔는지, 왜 그 최종 목적을 직접 붙잡지 않고 수단을 사용했는지, 그리고 왜 즉각적인 **실현**actuation이라는 짧고 편리한 길보다 **진화**évolution라는 꾸불꾸불한 길을 택했는지 이해하지 못할 것이다. 그 다음, 이 극복하기 힘든 난관을 넘어섰다고 해도 다음과 같은 마지막 물음에는 대답할 수 없을 것이다: 자신의 목적이나 목적들을 달성하기 위해 진화하기로(즉 돌아가기로) 결정했다 하더라도, 어떻게 해서 그 단 하나의 실체가 저것 대신에 이것을 그리고 동시에 이것 대신에 저것을 원할 수 있었는가(달리 말하면, 어떻게 해서 자신의 의지 행위들을 서로를 통해 중화할 수 있었는가)? 이것은 결국 전혀 의지가 없다는 것이 되며, 따라서 ─ 반복해서 말하지만 ─ 그 차이화를 이해할 수 없게 한다.

이와 반대로 모나드 가설에서는 모든 것이 자연스럽게 나타난다. 각각의 모나드는 세계를 자기 쪽으로 끌어당기는데, 이렇게 해서 자기 자신을 더 잘 이해한다. 모나드들은 분명히 서로의 일부를 이루지만, 다소간에 서로에게 속할 수 있다. 그리고 그 각각은 최고도의 소유를 갈망한다. 그래서 모나드들의 점차적인 집중화가 일어난다. 게다가 모나드들은 수많은 여러 방식으로 서로에게 속할 수 있으며, 그 각각의 모나드는 동료들을 자기 것으로 삼는 새로운 방식을 알고 싶어한다. 여기서 모나드들의 변화가 일어난다. 모나드들이 변하는 것은 정복하기 위해서다. 그렇지만 모나드들은 자신의 이익에 따라서만 다른 모나드에게 복종하기 때문에, 그 모나드들 중 어느 것도 자신의 야심 찬 꿈을 완전하게는 실현하지 못한다. 그리고 봉신[예속된] 모나드들은 군주 모나드가 자신들을 이용하는 동안에도 그 군주 모나드를 이용한다.

현실의 기괴하고 일그러진 성격, 즉 분명히 내전으로 찢겨진 다음 불안정한 타협이 뒤따르는 현실의 그러한 성격은 세계의 동인動因이 다수라는 것을 증명한다. 이 동인의 다수성이 그 다양성의 증거다. 이 다수성만이 그 다양성에 존재이유를 줄 수 있기 때문이다. 태어날 때부터 다양한 그 동인들은 더욱 다양해지는 경향이 있는데, 이는 그 동인들의 성질이 요구하는 것이다. 또 한편으로 그 동인들의 다양성은 그것들이 통일체가 아니라 특별한 전체라는 것에서 기인한다.

또한 다음처럼 상상한다면, 이해하기 어려운 많은 수수께끼를 설명할 수 있을 것 같다. 즉 진정한 보편적 매개물인 각 요소의 특수성이 하나의 전체성일 뿐만 아니라 일정한 종류의 잠재성이기도 하며, 또한 자기 안에서 우주적인 관념(실제로 실현하라는 요구는 언제나 받지만, 그럴 운명에 있는 것은 드문 우주적인 관념)을 구현한다고 상상해보자. 이것은 어떤 의미에서는 플라톤의 이데아를 에피쿠로스Epicure[40]의 원자,

---

**40** 헬레니즘 시대의 그리스 철학자이자 유물론자(기원 전 341?–기원 전 270?). 데모크리토스의

보다 정확히 말해서 엠페도클레스Empédocle[41]의 원자 속에 묶게 하는 것일 것이다. 왜냐하면 젤러Zeller를 믿는다면, 엠페도클레스도 라이프니츠처럼 요소의 다양성을 공언한 것 같기 때문이다. 경우에 따라서 어떤 그리스 조상 뒤로 숨을 수 있다면, 그것이 좋다.

현재의 생물변이 이론은 두 가지 점에서 분명하게 결함이 있다. 이 이론은 생물의 형태를 다양화하는 힘이 그것을 보존하는 힘과 갈등하고 있다고 상상하지만, 그 다양화하는 힘을 어디에 놓아야할지 모른다. 일반적으로 그 이론은 그 힘의 원인을 유기체 밖에(즉 기후, 환경, 영양섭취, 교잡으로) 분산 배치하며, 다양성이라는 내적 원인이 유기체 안에 있다고 인정하기를 거부한다. 둘째, 안에서 불쑥 튀어나왔든 외부에 의해 야기되었든 간에, 그 특수한 변이(이것은 다윈 체계의 기본 원칙인데)는 목적 없는 분기分岐이고 계획 없는 반란이며 무질서한 변덕이다. 그렇지만 분명한 유형의 안정된 정부 하에서도 우리는 그 어떤 고유한 정치 이상이나 사회 재생의 꿈에도 불을 붙이지 못하는 대립들의 본질적인 불모성不毛性과 상호적인 무효화를 보지 않는가? 사람들은 생물체에서의 그러한 광기의 승리도 그 광기의 있을 수 있는 용도도 이해하지 못하고 있다. 그리고 그러한 광기가 천문학적으로 인

---

원자론을 계승했지만, 원자는 '직선 운동에서 빗나간' 자의성을 갖는다고 보고, 데모크리토스의 기계적 결정론에 새로운 견해를 제시했다.

**41** 고대 그리스의 철학자(기원 전 490?–기원 전 430?). 세상 만물이 동등한 근원 물질인 4원소(물, 공기, 불, 흙)의 사랑과 다툼 속에서 생겨났다고 주장하였다.

정할 수 있는 최대치에 달할 만큼 오랫동안 지속된다고 가정해도, 그 광기의 지속 자체로는 그 균형 파괴들이 새로운 생물균형체에서 우연히 일치하는 것(즉 그 누적된 혼란에서 새로운 질서가 만들어지는 것)을 조금이라도 가능케 하기에는 불충분하다. 그렇지만 우리 가설에서는, 형태를 다양화하는 힘이 그것을 보존하는 힘과 마찬가지로 유기체 내부에서 감지할 수 있을 정도의 지지를 받고 있으며, 그 힘에는 어떤 방향이 있다. 생물종의 모든 자연발생적 변형이 아무리 일시적인 것이라 하더라도, 그 변형은 다른 종이 **되려고 하는** 것으로 보아야 한다. 그리고 이 변형이 충분히 두드러지게 나타난다면, 그것은 목적을 달성한 것이 될 것이다.

정말이지 변이들 중에서, 각각의 유기체나 국가 밖에서 우연히 제멋대로 일어난 변이와 그 안에서 이루어진 투쟁(즉 승리를 거둬 그 유기체나 국가를 구성하는 이상과 그 속박 하에서 억압 받고 질식되었거나 개화하기를 갈망하는 이상 간의 투쟁)에 기인하는 변이를 혼동하지 않도록 주의하자. 앞의 변이는 대부분의 경우 약해지며, 뒤의 변이는 보통 결실을 거둔다. 모든 역사가는 알면서든 모르면서든 간에 그 둘을 구분한다. 위대한 사실들을 말하는 것 외에도, 종종 양심상 그들은 동시대인이 거의 알아차리지 못한 아주 사소한 개혁이나 아주 사소한 논쟁을 특별히 신경 쓰며 부각시킨다. 그런 개혁이나 논쟁은 새로운 종교 사상이나 정치 사상의 출현을 증명하기 때문이다. 예를 들면 왕권의 봉건 세력을 서서히 잠식해 들어가는 것, 의회와 왕 간의 알력, 코뮌[자유

도시]과 영주 간의 알력이 그러하다. 따라서 미남왕 필립[42]의 잘 알려 지지 않은 행동이 프랑스 역사가에게는 템플기사단 사건[43]보다 더 많은 가치가 있다. 그의 행동에서는 현대 프랑스의 저 머나먼 중앙집권 화로의 분명한 지향이 나타나기 때문이다. 한 사회의 헌법은 아무리 나빠도 다른 헌법이 고안될 때까지는 지속된다. 지배적인 철학 체계 는 아무리 틀렸어도, 새로운 이론이 그 자리를 빼앗으러 오는 날까지 는 비판에도 불구하고 유지된다.

---

**42** 프랑스 카페 왕조의 11대 왕 필립 4세(1268-1314, 재위:1285-1314). 왕권을 강화해 중앙집권 적인 관료제와 통치제도를 정비했다.

**43** 중세 십자군 전쟁 때 성지 순례자 보호를 목적으로 설립된 서방교회의 기사 수도회로, 성전 기사단 또는 성전 수도회로도 불린다. 1129년 로마 가톨릭 교회로부터 공인 받으면서 빠르게 성장하였다. 단원들은 대부분 십자군 전쟁의 격전지에서 활동하였지만, 비非전투 단원들은 금융업으로 엄청난 재산을 축적하고 많은 요새를 건설하였다. 하지만 기사단의 비밀 입단식 에 대한 루머가 만들어지면서 이단으로 의심받았다. 기사단에 큰 빚을 진 필립 4세는 왕권 강 화를 위해 교황 클레멘스 5세에게 해산 압력을 넣기 시작했다. 1307년 프랑스 내 3000여 명 의 단원들이 체포당한 뒤, 고문을 통해 거짓 자백을 강요받고 화형에 처해졌다. 1312년 교황 은 결국 굴복하여 기사단에 해산령을 내렸다.

# VIII

있다être는 갖다avoir이기 때문에, 모든 사물은 갈망하고 있음이 틀림 없다는 결론이 나온다. 그런데 모든 사람의 눈에 강한 인상을 줄 사실이 하나 있다면, 그것은 바로 이 갈망이다. 즉 세계의 한쪽 끝에서 다른 쪽 끝까지, 진동하는 원자나 번식하는 미생물에서 정복하는 왕에 이르기까지 모든 존재를 가득 채우며 부추기는 거대한 야심이다. 모든 가능성은 자신을 실현하려는 경향이 있으며, 모든 실재는 자신을 보편화하려는 경향이 있다. 모든 가능성은 자신을 실현해 자신의 성격을 분명하게 나타내려고 한다. 변이가 생물이든, 물리든, 사회든 그 모든 주제[주선율]를 넘어서 또 그 모든 주제를 통해서 그처럼 넘쳐 흐르는 것은 이 때문이다. 모든 실재, 모든 특징은 일단 형성되면 자신을 보편화하려는 경향이 있다. 이것이 우리가 알고 있는 속도로 빛과 열이 방사되고 전기가 퍼지는 이유다. 그래서 아무리 작은 원자의 진동이라도, 그 진동은 무한한 에테르(그 원자의 진동이 다른 원자들의 진동과 다투는 먹이인 무한한 에테르)를 자신만으로 가득 채우기를 갈망한다. 이것은 또한 모든 생물종이나 모든 살아있는 인종이 형성되자마자 기하급수적으로 늘어나면서 곧 지구 전체를 덮어버리는 이유이기도 하다. 그 생물종이나 인종이 경쟁자들의 번식에 부딪히지 않는 한에서는 그렇다(이때 경쟁자에는 다른 생물종이나 인종뿐만 아니라, 그 각각의 생물종이나 인종에서의 조금이라도 약간 분명한 특별함, 심지어는 그것의 질병도 포함된다). 이것은 번식에 대한 목적론적 설명을 거부한다. 왜냐하면 이 목적론적 설명은 번식을 유형의 보존을 위한 수단으로 잘못 여기기 때문이다. 마지막으로, 이것은 다소 분명한 자기 나름의 성격을 지닌 그 여하한 사회적 산물(예를 들면 산업제품, 시, 문구, 뇌의 구석 어딘가에서 어느 날 나타난 어떤 정치사상)이 알렉산더Alexandre 대왕처럼 세계 정복을 꿈꾸고, 사람들이 있는 곳이면 어디에나 무수한 표본을 통해 자신을 투사하려고 하는 이유다. 그 사회적 산물이 도중에 멈추는 것은 그에 못지않게 야심을 지닌 경쟁자와 충돌해 뒤로 물러날 때뿐이다. 내가 다른 곳[《모방의 법칙》]에서 말한 것처럼, 보편적 반복의 세 가지 주요 형태(즉 파동, 생식, 모방)는 세 가지 통치 방식이자 정복 수단이다. 그리고 이러한 통치 방식이자 정복 수단은 세 가지 종류의 물리적, 생물적, 사회적 침공(즉 진동의 방사, 생식의 확대, 본보기의 전염)을 일으킨다.

아이는 폭군으로 태어난다. 그에게 다른 사람이란 흑인 왕의 경우처럼 자신에게 봉사하기 위해 존재하는 것이나 마찬가지다. 그를 이 잘못된 생각에서 벗어나게 하는 데에는 수년에 걸친 학교에서의 벌이나 억압이 필요하다. 화학적 규율, 생물적 규율, 사회적 규율이라는 모든 법칙이나 규칙은 모든 존재의 잡식雜食욕망을 억제하기 위해 덧붙여진 제동기라고 말할 수 있다. 일반적으로 우리는 그러한 법칙이나 규칙을 거의 의식하지 않는다. 우리, 즉 문명화된 인간은 갓난아기 때부터 그것에 사로잡혀 있는데도 말이다. 우리의 야심은 무산된다. 우리의 야심은 이미 알 속에서 짓밟혔기 때문이다. 그러나 그 야심이 얼마나 컸으면, 우리의 통상적인 방파제의 틈이 그토록 작은데도 또 수세기에 걸쳐 대대로 내려오는 억압에도 불구하고 그 야심이 역사의 여기저기서 카이사르나 나폴레옹 1세와 같은 돌출부에서 아직도 터져 나오는가!

자신의 한계에 부딪히는 것, 자신의 무능력을 확인하는 것. 이것은 모든 인간에게 얼마나 끔찍한 충격이며, 무엇보다도 얼마나 큰 놀라움인가! 확실히, 무한히 작은 것에서 무한히 큰 것에 이르기까지 널리 퍼져 있는 이러한 자만 속에는, 그리고 거기서 생겨나는 보편적인 영원한 충돌 속에는 비관주의를 정당화하는 무언가가 있다. 단 하나의 발전을 위해서, 얼마나 많은 유산流産이 일어나는가! 우리의 물질 개념은 우리를 둘러싸고 있는 세계의 성격, 즉 본질적으로 방해하는[난처하게 하는] 성격을 잘 나타낸다. 심리학자들은 옳았으며, 그들이 추측한 것보다 더 많이 옳았다. 그들에 따르면, 외부 현실이 우리에게 존재한다는 것은 그것이 우리에게 저항한다résister는 속성을 갖는한에서만이다. 이때 저항이란 그 딱딱함으로 인한 촉각 저항이고, 그 불투명성으로 인한 시각 저항이며, 우리 마음대로 되지 않는다는 것으로 인한 의지 저항이고, 우리의 사고로 이해되지 않는다는 것으로 인한 지적 저항이다. 물질이 딱딱하다고 말한다면, 이는 그 물질이 고분고분하지 않다고 말하는 것과 같다. 이것[물질이 딱딱하다는 것]은 그 반대의 착각과는 달리 **물질과 우리의 관계지 물질과 물질의 관계가 아니다**. 우리는 이렇게 해서 물질을 첫 번째 관계의 속성을 통해서 정의할 수 있는 만큼이나 두 번째 관계의 속성을 통해서도 정의할 수 있다.

이러한 상태에 대한 치료책을 미래에 기대할 수 있는가? 그렇지 않다. 우리 사회의 본보기가 우리에게 시사하는 추론을 믿는다면 그렇지 않다: 세계의 정복자와 피정복자 사이에 불평등은 점점 더 커질 것이다. 전자의 승리와 후자의 패배는 나날이 더 완전해질 것이다. 실제로 한 민족의 문명 진보의 가장 확실한 표시 중 하나는 위대한 명성을 얻는 것, 군사적 또는 산업적인 업적, 위대한 개혁, 근본적인 재조직이 가능해진다는 것이다. 달리 말하면, 문명의 진보는 － 사투리를 없애고 단 한 언어의 전파를 통해서, 서로 다른 관습을 없애고 동일한 법전의 확립을 통해서, 신문을 책보다 더 많이 찾아 정신의 양식이 획일화되는 것을 통해서, 그 밖의 많은 특징을 통해서 － 특출난 개인의 계획이 국민이라는 집단 전체를 통해 점점 더 완전하게 고

스란히 실현되는 것을 촉진시킨다. 따라서 수많은 여러 계획(문명이 덜 발전된 단계에서라면 선택된 자들[엘리트]의 협력을 얻어 실행의 착수라도 했었을 지 모르는 수많은 계획)이 처음부터 질식하게 돼 있다. 스튜어트 밀John Stuart Mill[44]은 그의 《정치경제학 원리Principles of Political Ecomomy》[1862년 출간]에서 아주 잘 말하고 있다: "사람들은 야만적인 성질을 잃어버리는 것에 비례해 규율을 더 잘 지킬 수 있게 된다. 즉 그들은 미리 의견을 들어보지 않았어도 처음부터 협력해서 계획을 수행할 수 있게 되거나, 아니면 미리 정한 결정을 자신들의 개인적인 변덕보다 우선시할 수 있게 되거나. 또는 함께 하는 노동에서 자신에게 할당된 몫을 제각기 할 수 있게 된다."

결국, 수 세기 후에는 그러한 진보의 결과가 국민을 어디로 데려가는지를 알 수 있다. 어딘가 광물이나 수정 같은 차가운 화려함과 순전한 규칙성의 단계로 데려갈 것이다. 이 단계는 그 처음의 묘한 우아함이나 아주 생생한 복잡성과는 대단히 대조를 이룰 것이다.

그렇지만 어쨌든 긍정적인 사실로 만족한다면, 모든 사물이 한 점에서 출발해 전파되어 형성된다는 것은 의심할 바 없다. 여기서 우리는 **지도자 역할을 하는 요소**éléments-chefs를 인정할 권리를 얻는다. 그래도 다음과 같이 반박하는 사람이 있을 것이다. 즉 내가 상상하는 별이나 분자, 유기체나 도시와 같은 저 국가들 중 어느 한 곳에 사는

---

**44** 영국의 철학자이자 경제학자(1806-1873).

백성들 중에서 실제적인 지배자나 창시자(조화를 이루면서 반복되고 규율화된 비슷한 행동들이 영향을 미치는 범위의 중심이자 방사되는 발생원)를 발견하기는 어려울 것이라고 반박하는 사람이 있을 것이다. 이는 실제로 여기에는 관점에 따라 또 정도에 따라 다른 무수히 많은 중심과 발생원이 있기 때문이다. 가장 특출난 것만 들어보면, 태양의 중심에는 정복욕에 불타는 원자가 있다고 말할 수 있을 것이다. 이 원자는 최초의 성운 전체에 점차 퍼진 그 개별적인 작용을 통해, 그 성운이 누린 행복한 균형(사람들은 그렇게 단언하고 있다)을 깨뜨렸다. 그 원자의 인력 작용으로 인해 조금씩 하나의 덩어리가 만들어졌다. 반면에 그 주위를 봉신처럼 둘러싸고 있는 다른 원자들은 그를 본받아 제각기 한데 모여서 그 거대한 제국의 몇몇 부분을 이루었으며 여러 행성을 형성하였다. 그리고 이 승리한 원자들은 역시 마찬가지로 인력을 지닌 노예들에 의해 모방되는데, 시간이 처음 탄생한 이래로 그 원자들은 한 순간이라도 잡아당기거나 진동하기를 멈춘 적이 있는가? 무제한의 공간 속에 전염을 통해 퍼졌다고 해서 그 원자들의 응집력이 줄어들었는가? 그렇지 않다. 그 원자들의 모방자는 경쟁자일 뿐만 아니라 협력자이기도 하기 때문이다.

무한히 작은 세균 역시 얼마나 경이로운 정복자인가! 자신의 왜소한 크기보다 수백 만 배나 더 큰 덩어리에게 절대적인 지배력을 행사하는 데 성공하니 말이다. 저 미소한 세포에서 얼마나 귀중한 발명이 나오는가! 또한 다른 세포를 이용하거나 조종하는 얼마나 기발한 방법이 나오는가! 그 천재성과 옹졸함이 똑같이 우리를 어리둥절하게 만들고 있으니 말이다.

그러나 나는 세포사회에 대해서 정복과 야심으로 말하기 보다는 오히려 전파와 헌신으로 말해야 할 것이다. 물론 이 모든 것은 은유다. 하지만 그래도 비유의 용어를 잘 선택해야 한다. 그리고 독자는 다음과 같은 것도 잊지 않으면 좋겠다. 즉 만일 믿음과 욕망이 내가 그것들에게 있다고 여기는 보편성을 갖고 있다면(나는 이 믿음과 욕망이 순수한 추상적인 의미에서 정신의 두 가지 큰 힘이며, 이 두 개만이 정신의 양이라고 해석한다), 감각이나 이미지와는 전혀 관계없는 내적인 성질을 표시하는 것에 믿음이라는 힘을 적용하며 관념idée이라고 불러도, 이 준準관념 중 어느 하나에 욕망이라는 힘을 적용하며 의도dessein라고 불러도, 어떤 선도하는 요소에 의해 형성된 유사계획이 요소에서 요소로 전달(물론 언어에 의한 것은 아니고 그 특수한 성격이 알려지지 않은 전달)되는 것을 전파라고 불러도, 또한 자기 고유의 유사계획 대신에 다른 요소의 유사계획이 들어와 어떤 요소 안에서 일어나는 변화를 개종이라고 불러도, 이것은 거의 은유가 아니다. 이러한 언급을 염두에 두면서 계속 진행해 보자.

어떤 제국이 확장하려고 할 때, 그 제국은 지구상의 단 한 지점에(서로 멀리 떨어져 있는 수많은 지점에 동시에가 아니라), 단 한 사람이 아니라 많은 수로 구성된 군대를 보낸다. 그리고 이 군대는 그 지점을 정복한 다음에는 방향을 바꿔 다른 곳을 휩쓸어 버린다. 한 종교의 지도자가 그 종교를 퍼뜨릴 생각을 할 때, 그는 중요한 모든 곳에, 자기 손에 넣을 수 있는 곳이면 어디에나 선교사들을 각각 분산시켜 파견한다. 이 선교사들은 복음을 전하고 설득해서 영혼들을 사로잡는 일을 담당한다. 그런데 내가 여기서 확인하는 것은 생물체가 퍼져나가는 방식이 군사적인 합병보다는 사도의 전파와 훨씬 더 유사하다는 것이다. 그리고 이러한 유사에 다른 많은 것을 덧붙인다면, 즉 각각의 생물종이 각각의 교회나 종교 공동체처럼 경쟁집단에게는 폐쇄적이지만 신입회원을 환대하며 갈망하는 세계라는 것을 관찰한다면, 외부에서는 이해할 수 없는 수수께끼 같은 세계(신자들만이 아는 비밀암호를 서로 전하는 세계), 보수적인 세계(놀라운 자기희생과 더불어 전통적인 의례를 충실하게 무한히 따르는 세계), 매우 위계화된 세계(그럼에도 불평등이 결코 반란을 일으킬 것 같지는 않은 세계), 매우 활동적인 동시에 규칙적이고 매우 완고한 동시에 유연한 세계(새로운 환경에 능숙하게 적응하면서도 아주 오래된 견해를 끈질기게 고집하는 세계)라는 것을 관찰한다면, 내가 생물학적 현상을 우리 사회의 전쟁, 산업, 과학이나 예술 측면보다 종교의 발현과 동일시해도 유추의 자유를 남용하는 것이 아니라고 사람들은 확신할 것이다.

  몇 가지 점에서는 군대가 수도원과 마찬가지로 유기체와 유사한 것 같다. 유기체에도 군대에도 규율, 엄격한 복종, 강력한 단체정신이 똑같이 있다. **영양섭취**(즉 징병) 방식도 똑같다. **영양분 섭취작용** intussusception을 통해, 주기적인 신병 보충을 통해, 넘어서는 안 되는 일정한 한계까지는 틀[뼈대]을 가득 채운다. 그러나 마찬가지로 중요한 다른 점에서는 현저한 차이가 있다. 군 입대가 신병에게 일으키는 변화나 재생은 생물의 동화작용이 음식물 세포에, 또는 종교 개종이 신참자에게 일으키는 변화나 재생보다는 작다. 군대 교육은 마음 깊은 곳까지 파고 들어가지 못한다. 군대 조직이 끈기가 적고 그 지속기간이 짧은 것도 그 때문이다. 야만인 사회의 경우조차 군대 조직의 변화는 상당히 갑작스럽고 빈번하다. 그 군대 조직이 완전히 미발달된 상태에 있는 것이 아닌데도 그렇다. 그리고 이 경우 그들의 군대 조직은 가장 단순한 생물과도 비교할 수 없을 정도로 지리멸렬하다. 마지막으로, 군대가 커지거나 어떤 부대가 다시 만들어질 때 이 재생산은 결코 생물의 그것처럼 단 하나의 요소가 배출되고 그 주위에 이질적인 요소들이 모이는 식으로 행해지지 않는다. 부대는 분열 번식에 의해서만 재생된다. 어떤 병사나 장교가 완전히 혼자서 외국에 가 하나의 부대를 만드는 임무를 지녔다고 가정해 보자. 이때 그곳에서 자신이 하사로 있는, 네 명으로 된 하나의 분대를 만드는 것은 그에게는 절대로 불가능할 것이다.

이 차별적인 특징 때문에, 생명은 우리에게 존경할 만하고 신성한 모습을 나타낸다. 즉 긴밀한 화학적 관계에 얽매인 요소들을 구제하는 위대한 자비로운 구원 기획企劃인 것 같다. 생명의 진화를 다윈처럼 파괴가 항상 승리의 동행인이자 조건인 일련의 군사작전으로 간주한다면, 이는 생명의 성질을 확실하게 오해하는 것이다. 서로 잡아먹는 생물들의 비통한 광경은 이 널리 퍼져 있는 큰 편견을 입증하는 것 같다. 고양이의 발톱이 새 둥지를 덮치는 것을 보면, 사람들은 가슴을 죄며 생명의 이기주의와 잔인함을 저주하기 시작한다. 그렇지만 생명은 이기적이지도 않고 잔인하지도 않다. 그리고 생명을 그처럼 비난하기 전에 우리는 다음과 같이 자문하지 않으면 안 될 것이다. 즉 아무리 혐오감을 일으키는 생명의 행동이라도, 그 무시무시함을 생명의 산물의 아름다움이 우리에게 느끼게 할 수밖에 없는 감탄과 양립시키는 적절한 방식으로 해석할 수 없느냐고 자문하지 않으면 안 될 것이다. 우리 가설의 관점에서는 이보다 더 쉬운 것이 없다. 어떤 생물체가 다른 생물체를 먹기 위해 그것을 파괴할 때, 그 파괴하는 생물체를 구성하는 요소들은 다음과 같이 생각할 것이다. 즉 그 파괴되는 생물체의 요소들에 행하는 일이 한 종교의 신자들이 다른 종교의 사원, 성직자 제도, 종교적 유대를 부수고 그들을 "진정한 믿음"으로 개종시키면서 그들에게 준다고 여기는 것과 똑같은 종류의 일이라고 생각할 것이다. 여기서 파괴되는 것은 믿음과 사랑을 지닌 존재나 요소의 외면外面이다. 그러나 믿음과 사랑 자체는 희생되지 않는다. 일반적으로 인정하지 않으면 안 되는 것은 상위 생명이 하위 생명을 흡수하고 동화한다는 사실이다. 이는 기독교, 이슬람교, 불교와 같은 위대한 고등종교가 우상숭배자를 개종시키는 것(그 반대가 아니라)과 같다.

생명을 이와 같이 이해할 때, 의식과 죽음을 어떻게 이해할 수 있는지 내가 언급할 필요가 있는가? 내가 의식, 혼, 정신이라고 부르는 것은 어떤 영원한 요소의 일시적인 승리를 가리킨다. 이 영원한 요소가 이례적인 은총에 의해, 눈에 보이지 않는 무한소에서 생겨나 동료들을 지배해 자기 신하로 만든 다음, 이들을 자신의 법(선인들에게서 전해 받았으며 자신이 약간 수정하거나 자신의 왕 인감sceau royal이 찍힌 법)에 얼마 동안 복종시키기 때문이다 그리고 내가 죽음이라고 부르는 것은 이 정신적인 정복자의 점차적인 또는 갑작스런 폐위, 자발적인 또는 강제적인 양위讓位를 가리킨다. 아르벨라Arbelles 전투 후 다리우스Darius처럼, 워털루Waterloo 전투 후 나폴레옹처럼, 또는 유스테Yuste 수도원에 은거한 카를 5세나 데살로니키Thessalonique에서의 디오클레티아누스Dioclétien처럼 그 정신적인 정복자는 자신의 모든 국가를 잃고 완전히 발가벗겨져서, 자신이 나왔던 무한소로 돌아가기 때문이다.[45]

---

45 기원전 331년 마케도니아의 알렉산더 대왕은 페르시아를 쳐들어가 다리우스 3세와 가우가멜라에서 전투를 벌인다. 당시 20만 대군의 페르시아는 알렉산더가 이끄는 마케도니아 군에 패해 아르벨라로 도망쳤다. 여기서 페르시아군은 다시 패해, 결국 페르시아 제국은 멸망하였다. 1815년 3월 1일 나폴레옹은 엘바 섬을 탈출해 다시 권좌에 앉았다. 6월 18일 웰링턴 장군이 이끄는 영국군은 프로이센군과 연합해 지금의 벨기에 지방인 워털루에서 프랑스군과 격돌하였다. 워털루 전투에서 패배한 나폴레옹은 아프리카의 고도 세인트헬레나로 보내졌으며, 그곳에서 1821년 52세의 나이로 죽었다.
신성로마제국의 황제 카를 5세(1500~1558, 재위 기간:1519~1556)는 전제적專制的인 태도로 가톨릭 제후들의 반감을 사 정치적으로 고립되었다. 실의에 빠진 카를은 1556년 황제 자리를 동생에게 이양했으며 또 스페인 왕의 자리는 아들에게 넘겨주었다. 그리고 그는 스페인의 엑스트레마두라 지역 외딴 언덕의 유스테 수도원에 은거하였다.
로마의 황제 가이우스 디오클레티아누스(245~316, 재위 기간:284~308)는 자신의 권위와 신성성을 강조하고 페르시아에서 궁정예절을 도입하는 한편, 전통 수호의 의미에서 예전의 다신교를 부활시켜 많은 신전을 세웠다. 치세 말기인 303년에는 기독교도들을 대대적으로 박해했

어쩌면 그리워했을지도 모르는 자신이 태어난 무한소, 확실히 불변적이지도 않으며 또(누가 알겠는가?) 무의식적이지도 않은 무한소로 말이다.

그러므로 내세來世도 무無도 말하지 말자. 속단하지 말고 비非생non-vie을 말하자. 비非생도 비非자아non-moi와 마찬가지로, 반드시 비非존재non-être는 아니다. 죽음 이후의 존재 가능성에 반대하는 몇몇 철학자의 주장이 외부세계의 실재성에 반대하는 관념론적 회의주의자들의 주장보다 더 유효한 것은 아니다. 생生이란 모나드들에게 부과된 고통스러운 학교 시험이나 훈련 시간에 불과한 것일지도 모른다. 이 힘들고 신비한 학교를 떠나면, 모나드들은 예전의 보편적인 지배욕구에서 벗어난다. 뇌라는 왕관을 일단 잃어버린 모나드들 중에는 다시 거기로 올라가기를 바라는 것이 별로 없으리라고 나는 확신한다. 자신의 고유한 독자성으로, 자신의 절대적인 독립성으로 돌아간 모나드들은 기꺼이 또 영원히 육체적인 능력을 포기한다. 그리고 그 모나드들은 생의 마지막 순간에 자신들이 빠져버린 신적인 상태, 즉 모든 악과 모든 욕망에서 ─ 나는 모든 사랑에서라고 말하지 않는다 ─ 벗어난 상태, 그리고 영원히 지속될 수 있는 숨은 선善을 지녔다는 확신을 영원히 맛본다.

---

지만 실패로 끝나 퇴위하였다. 그 후 그는 달마티아의 살로나(현재 크로아티아의 스플리트)에 개인 궁궐을 짓고 여생을 보냈다.

죽음은 그런 식으로 설명될 것이다. 생도 이런 식으로 정당화될 것이다. 욕망의 정화로 말이다 … 그러나 가설은 그만하면 충분하다. 친애하는 독자여, 형이상학으로의 나의 이러한 방탕을 용서해줄 수 있겠는가?

# 가브리엘 타르드와 사회적인 것의 종말[*]

...

브뤼노 라투르

"현실의 기괴하고 일그러진 성격, 즉 분명히 내전으로 찢겨진 다음 불안정한 타협이 뒤따르는 현실의 그러한 성격은 세계의 동인動因이 다수라는 것을 증명한다"

《모나돌로지와 사회학》, p.113.

  "일반 사람들의 속을 잘 살펴보면, 우리는 그 수가 늘어날수록 혼란스러워지고 구분이 잘 안 되는 일정한 수의 그 남자들이나 그 여자들

---

[*] Bruno Latour, "Gabriel Tarde and the End of the Social", in 《The Social in Question: New Bearings in the History and the Social Sciences》, ed. Joyce, P., London, Routledge, 2002. pp.117–132.

이외에는 어느 것도 찾아볼 수 없을 것이다."

《사회법칙》, p.61.

　"사회적인 것과 그 문제"에 대한 이 책에 기고하기 위해, 나는 "행위자 연결망 이론" 또는 ANT로 알려져 있는 것, 즉 사회이론에서 "사회적인social"이라는 말의 사용을 끝내고 그것을 "결합association"이라는 말로 대신하려는 고의적인 시도에 대해 말할 수 있었을 것이다.[i] 그렇지만 나는 ANT에는 실제로 선조, 즉 가브리엘 타르드가 있다는 좋은 소식을 독자들과 함께 하기로 마음먹었다. 따라서 우리의 지론持論은 결코 사회이론에서 변두리에 있는 고아가 아니라, 훌륭한 혈통의 이득을 보고 있다.

　학문의 공식적인 역사에 쓰여 있는 바와 같이, 타르드가 이전以前 세기의 전환기에는 콜레주 드 프랑스의 교수, 수많은 책의 저자로서 프랑스 사회학의 주요 인물이었던 반면에, 뒤르켐은 당시에 타르드보다 젊고 그 만큼 성공하지 못한 벼락출세자upstart로서 지방에서 가르치고 있었다.[ii] 그러나 몇 년 후 상황은 완전히 역전되었다. 뒤르켐은 사회학이라는 과학적인 학문 분야의 주요 대표자가 된 반면에, 타르드는 단순한 "선구자" – 그것도 매우 훌륭한 선구자가 아니라 – 라는

---

i 　최근 논의에 대한 비평으로는 다음을 보라. Law et Hassard, 1999.
ii 　Mucchielli, 1998. 타르드의 저작에 대한 다소 편향된 기술로는 다음을 보라. Milet, 1970.

영광스럽긴 하지만 엉뚱한 처지로 밀려났다. 왜냐하면 그에게는 '심리학주의'와 '정신주의'의 죄를 저질렀다는 낙인이 끊임없이 찍혔기 때문이다. 그 이후 주류 사회이론은 타르드의 업적을 조롱하는 데 결코 싫증내지 않았다. 그리고 사실 뒤르켐주의자들에게서 거부당한 '선구자'가 실제로 쓴 것이 무엇인지를 확인하기 위해, 나 자신 역시 그들의 거부하는 각주들보다 더 멀리 조사하지는 않았다.[iii]

그렇지만 내가 이 장章에서 주장하고 싶은 것은 — 이는 최근 재출간된 그의 가장 대담한 책《모나돌로지와 사회학》[iv]에 대한 면밀한 독해 덕분인데 — ANT가 옹호하려고 하였지만 성과는 좀 없었던 두 가지 주요 논점을 타르드가 사회이론에 도입하였다는 사실이다:

a) 자연과 사회의 분리는 인간의 상호작용 세계를 이해하기에 부적절하다.

b) 미시/거시 구분은 사회가 어떻게 생겨나는가를 이해하려는 어떠한 시도도 질식시킨다.

---

iii 타르드는 모방, 영향, 미디어에 대한 그의 연구 때문에 미국에서는 꾸준한 지지를 받았으며, 커뮤니케이션 연구의 선조로 간주되어 왔다. 그러나 이러한 시각이 유지되어 온 것은 그의 사회이론, 무엇보다도 그의 형이상학을 완전히 제거하면서였다.

iv 이 글은 1893년《국제 사회학 잡지Revue internationale de sociologie》에 하나의 논문으로 발표되었으며, 최근에는 하나의 책으로 재출간되었다(Tarde, 1999 réédition). 또한 나는《사회법칙Les lois sociales》에서도 몇 구절을 이용할 것이다. 영어로 된 저작으로는 타르드의 1969년 판과《The laws of imitation》을 보라. 이 영역판《The laws of imitation》은 자주 증판되지는 않았다.

달리 말하면, 나는 약간의 사고실험thought experiment을 해, 뒤르켐의 통찰 대신에 타르드의 통찰이 과학이 되었다면 사회과학 분야가 지난 세기에 어떻게 되었을지를 상상하고 싶다. 그렇지만 타르드는 진실로 과감하긴 하지만 – 내가 인정할 수밖에 없는 것처럼 – 전혀 훈련 받지 않은 정신의 소유자였기 때문에, 마침내 이해되기 위해서는 어쩌면 한 세기가 더 필요했을지도 모른다. 너무 일찍 온 네트워크 사상가는 자신의 직관을 데이터로 변화시킬 수 없었을 것이라고 주장하는 사람도 있을 것이다. 왜냐하면 그가 관심을 지닌 물질세계는 아직 존재하지 않아, 경험적으로 파악할 수 있는 가능성이 그에게는 없었기 때문이다. 이제는 기술적인 네트워크가 구축되어 있기 때문에, 사정이 다르다. 따라서 타르드의 많은 주장이 올바르게 경험적으로 적용될 수 있다.ᵛ 어쨌든 내가 실제로 하고 싶은 것은 사회이론가들에게 그래도 꽤 존경할 만한 나의 할아버지를 소개하는 것이다 … 족보를 만들기 위해서가 아니다. 끔찍하게 어려운 몇 가지 기술적인 점에서, 타르드는 우리가 아주 오랫동안 찾았지만 찾지 못했던 해법을 지녔기 때문이다.ᵛⁱ 따라서 나는 타르드를 행위자 연결망 이론의 선구

---

v 상호작용을 상세하게 추적할 수 있는 가능성이 아주 최근에야 비로소 가능해졌기 때문에 그에게는 인터넷이 필요했다고 주장할 수도 있을 것이다. 예를 들면 Rogers et Marres, 1999를 보라. 이 글은 매우 타르드적인 방법론을 사용하고 있다. 그것을 알지 못하지만 말이다.

vi 뮈키엘리는 "타르도마니아[타르드광]Tardomania"를 매도하는 한 논문(Mucchielli, 2000)에서 마땅히 죽어야 하는 한 저자에 대한 이러한 이용에 분개한다. 왜냐하면 그는 우리가 그 저자에게서 무한히 멀리 떨어져 있다고 주장하기 때문이다. 그러나 나는 뮈키엘리의 역사주의를 함께

자로 묘사하는 데 본 논문을 바치고 싶다.

잠깐만 그의 특징을 맛보며, 왜 그토록 많이 질 들뢰즈 마음에 들었는지를 이해해 보자.[vii] 그가 자신의 대담한 연구 프로그램을 《모나돌로지와 사회학》에서 어떻게 소개했는지 여기에 제시한다:

"나는 가설을 만든다Hypotheses fingo라고 나는 고지식하게 말하고 싶다. 과학에는 위험한 것이 있는데, 그것은 빠짝 조인 추론, 즉 마지막 깊이까지 또는 마지막 낭떠러지까지 논리적으로 따라간 추론이 아니다. 그것은 정신 속에서 이리저리 떠다니는 상태에 있는 사상유령이다. 보편사회학의 관점이란 내가 보기에는 오늘날 사상가들의 뇌를 떠나지 않는 그러한 유령 중 하나인 것 같다. 우선은 그것이 우리를 어디로 데려갈 것인지를 보자. 괴상하다고 여길 위험이 있지만 지나친 생각을 해보자. 특히 이러한 문제에서는 조롱당할까 두려워하는 것이 가장 반反철학적인 감정이 될 것이다."《모나돌로지와 사회학》, pp.68-69)

이 분은 좋은 할아버지가 아닌가? 즉 설익은 "사상유령"보다 더 나쁜 것은 없기 때문에, 당신에게 가능한 한 대담하게 충분히 생각하라고 용기를 주는 좋은 할아버지가 아닌가? 사실 대부분의 사회과학이 이론적이지도 구체적이지도 않고 다만 일반적이며 추상적일 뿐

---

하지 않는다. 나는 죽은 저자들을 대우하는 가장 좋은 방법은 마치 그들이 오늘날 살아서 우리가 생각하는 것을 도와주는 것처럼 그들을 부활시키는 것이라고 생각한다.

vii 질 들뢰즈는 《차이와 반복》(1968) 104쪽의 긴 주에서 볼 수 있는 것보다 훨씬 더 많이 타르드의 덕을 보았다.

인 저 스쳐가는 유령들로 만들어져 있지 않은가? 뒤르켐이 곧잘 매우 자랑스러워하며 한 것처럼 사회학을 철학, 존재론 및 형이상학과 완전히 단절시키면서 세우기는커녕, 타르드는 그러한 것들로 곧장 가서 사회이론을 세계 자체의 내용에 대한 과감한 가정과 연결시키는 것을 자기 의무로 간주한다. 타르드가 1900년에는 왜 운이 없었는지 그리고 그의 유전자가 내 몸 안에서 움직이는 것을 느낄 정도로 내가 왜 그토록 감격하는지 독자 여러분이 차츰 이해하기를 나는 바란다. 왜냐하면 나는 내가 형이상학자인지 사회학자인지 결코 결정할 수 없었기 때문이다. 내가 이 장章에서 폭넓은 인용을 사용한다면, 이는 그의 생각에 또 하나의 퍼질 기회를 주기 위해서다 …

《모나돌로지와 사회학》을 읽을 때의 충격은 바로 첫 쪽에서 시작된다. 왜냐하면 타르드는 인간 상징질서의 특수영역으로서의 "사회적인 것the social"에 대해 말하지 않고, 그에 따르면 과학 어디에서나 상승세에 있고 그가 모나드론이라고 부르는 연구 의제로 시작하기 때문이다:" 라이프니츠의 딸들인 모나드들은 태어나 이후 계속 전진하였다"(《모나돌로지와 사회학》, p.17)라고 그는 그 책 첫 문장에서 진술한다. 그가 제사題詞 나는 가설을 만든다Hypotheses fingo라고 반복해서 말한 바로 다음에 말이다. 우리는 정말로 뒤르켐에게서 매우 멀리 있다. 모나드란 무엇인가? 그것은 우주를 만들어내는 재료다. 그렇지만 이상한 재료다. 왜냐하면 모나드들은 물질적인 실체가 아니고 오로지 믿음과 욕망에 의해 소유되기 때문이다. ― 우리가 끝에서 보게 되는 것처럼, "소유하다$_{possess}$"라는 동사가 타르드에게서 큰 중요성을 얻는다.

그렇지만 이러한 주장에서 기대할 수 있는 것은 정신주의도 관념론도 아니다. 왜냐하면 모나드들 역시 완전히 유물론적이기 때문이다: 그것들은 어떤 상위의 목적, 어떤 위대한 계획, 어떤 목적인$_{telos}$에 의해 인도되지 않는다. 그 각각은 리차드 도킨스의 유전자나 수전 블랙모어의 밈$_{meme}$처럼 그 자신이 개인적으로 마음에 그린 목적을 위해 싸운다.[viii] 마지막으로, 모나드들은 철저하게 환원주의적으로 번안된 형이상학에 이른다. 작은 것은 언제나 큰 것을 이해하는 열쇠를 쥐고 있기 때문이다. "모나드론에 대한 주요 반론은 (…) 모나드론이 현상의 정점頂點에 주는 만큼이나 또는 그 이상으로 현상의 밑바닥에도 복잡성을 주거나 주는 것 같다는 것이다"《모나돌로지와 사회학》, p.74).

그러나 여기서 또 다시 타르드는 매우 기묘한 형태의 환원주의를 제시한다. 왜냐하면 가장 작은 실체들이 그 집합체보다 또는 멀리서

---

viii 블랙모어(1999)는 타르드를 언급하지 않는다. 이것은 매우 부당하다. 왜냐하면 밈학$_{mimetics}$은 단순하게 번안된 모나드론이기 때문이다. 이를테면, 타르드라면 유전자와 밈을 구분하는 잘못을 결코 저지르지 않을 것이다. 타르드에 대한 다음 논문을 보라. Marsden, P.(2000), Forefathers of Memetics: Gabriel Tarde and the Laws of Imitation. Journal of Memetics - Evolutionary Models of Information Transmission(http://www. cpm. mmu. ac.uk/jom-emit/2000/vol4/marsden-p.html).

보이는 피상적인 겉모습보다 언제나 차이와 복잡성이 더 많기 때문이다. 우리가 나중에 이해하게 될 이유에서, 작은 것이 언제나 또한 가장 복잡한 것이기도 하다: "[원자는] 보편적인 환경(또는 보편적인 되기를 갈망하는 환경)이자 자신을 위한 하나의 우주이며, 라이프니츠가 의도한 것처럼 소우주일 뿐만 아니라 단 한 존재에 의해 정복되고 흡수되는 우주 전체다"(《모나돌로지와 사회학》, p.56. 고딕체는 타르드 강조). 심지어는 더 강력하게: "각 사물의 밑바탕에는 실제로든 있을 수 있든 다른 모든 사물이 있다.(《모나돌로지와 사회학》, p.57).

타르드가 사회적인 것the social을 왜 그토록 완전히 죽여버렸는지 또는 그것으로 시작하기를 거부했는지 우리가 이해하고 싶다면, 우리는 겉보기에는 모순된 형이상학들의 이 기괴한 조정과 친숙해야 한다.[ix]

타르드가 사회를 개별적인 모나드보다 더 높고 더 복잡한 질서로 받아들이기를 거부하듯이, 그는 개개의 인간 행위자를 사회를 구성하는 진짜 재료로 받아들이는 것도 거부한다: 뇌, 정신, 혼, 몸은 그 자체가 무수한 '작은 사람들' 또는 무수한 작용으로 구성되어 있는데, 이 각각의 작은 사람은 믿음과 욕망을 갖고 있으며 세상에 대한 자신의 견해 전체를 적극적으로 퍼뜨린다. 작용에 영향과 모방을

---

ix 이것은 엔텔레키entelechy 개념이나, 내가 불행하게도 타르드를 원용하지 못하고 《프랑스의 파스퇴르화》(1988)에서 발전시킨 행위소actant 개념과 매우 가깝다.

더 한 것, 이것은 바로 – 비록 말은 다르지만 – 행위자 연결망<sub>actor-</sub>network이라고 불리어 온 것이다. 두 가지 느낌의 연결이 그의 이론을 이해하는 데 필수적이다: 하나는 그가 환원주의자이기 때문에 (비록 이상한 종류의 환원주의자이긴 하지만) 자연과 사회 간의 어떠한 경계도 존중하지 않는다는 것이다. 또 하나는 그가 물리학, 생물학, 사회학 간의 경계에서 멈추지 않기 때문에 낮은 수준을 높은 수준으로 설명하는 것을 믿지 않는다는 것이다. 주된 난제는 이러한 것이다: 인간사회는 그것이 상징적인 것에 속하든 개인들로 만들어져 있든 또는 거시조직의 존재에서 연원하든, 그러한 의미에서는 특수하지 않다. 인간사회가 우리에게 특수하게 보이는 이유는 다름 아닌 다음과 같은 이유에서다. 첫째, 우리는 인간사회를 안에서 보기 때문이다. 둘째, 인간사회는 우리가 밖에서만 파악하는 다른 어떤 사회와 비교해도 적은 요소들로 구성되어 있기 때문이다.

여기서는 천천히 나가자. 우선 우리는 '사회'가 그 어떤 결합에도 쓸 수 있는 말이라는 것을 이해해야 한다:

"그러나 이것은 모든 사물이 사회이며 모든 현상이 사회적 사실이라는 것을 의미한다. 그런데 주목할 만한 것은 과학이 – 게다가 지금까지 말한 일련의 논리를 통해 보면 – 사회 개념을 이상할 정도로 일반화하는 경향이 있다는 것이다. 과학은 우리에게 동물사회, 세포사회에 대해 말하고 있는데, 원자사회에 대해서 말하면 왜 안 되는가? 태양계와 별들의 체계인 천체사회를 잊을 뻔했다. 모든 과학이 사회학의 분과 학문이 될 운명에 있는 것 같다"《모나돌로지와 사회학》, p.58).

뒤르켐처럼 우리가 "사회적 사실을 사물로 다루어야 한다"고 말하지 않고, 타르드는 "모든 사물은 사회이며" 어떠한 현상도 사회적 사실이라고 말한다. 여기에는 유별난 것도 제국주의적인 것도 없다. 이 말은 오귀스트 콩트의 경우처럼 사회학이 왕관을 차지해 과학들을 지배해야 한다는 것을 뜻하지 않는다. 그 말은 단지 모든 과학이 서로 맞물려 있는 많은 모나드의 결합체를 다루어야 한다는 것을 뜻할 뿐이다. '식물사회학'이라는 표현은 인간사회학보다 훨씬 전에 있었다. '별사회' 또는 '원자사회'는 화이트헤드에게서 종종 찾아볼 수 있는 표현이다. 콜레주 드 프랑스에서 타르드의 후임자인 베르그송은 이러한 문장에서 완전히 편안함을 느낄 것이다. 전혀 다른 맥락에 있긴 하지만, 오늘날의 '밈학mimetics'전문가들도 그럴 것이다. 타르드의 사상은 단지 다음과 같은 것일 뿐이다: 인간사회에 특별한 것이 있다 하더라도, 그것은 다른 모든 유형의 집합체와의 어떤 강력한 대립에 있지 않으며, 더욱이 그 인간사회를 "단순한 물질"과 구분 짓는 어떤 특별한 종류의 자의적으로 부과된 상징질서에는 정말로 있지 않다. 모나드들의 사회가 된다는 것은 완전히 일반적인 현상이다. 그것은 세계를 만들어내는 재료이다. 인간영역에 특별히 새로운 것은 없다.

그러면 인간사회의 특수성은 어디서 나오는가? 아주 이상한 두 가지 특징에서 나온다: 인간사회에 대해 말할 때 우리에게 특권이 있다면, 그것은 우리가 그 인간사회를 – 말하자면 – 내부에서 본다는 것이다. "인간사회에 도달하면 (…)우리가 편안함을 느낀다. 우리가 도시, 국가, 군대나 수도회라고 불리는 사람들의 긴밀히 결합된 체계의 진짜 요소이기 때문이다. 우리는 거기서 일어나는 모든 것을 안다"《모나돌로지와 사회학》, p.73). 따라서 우리는 다음과 같은 것을 쉽게 점검할 수 있다. 즉 우리가 잘 아는 유일한 집합체에서는, 돌연히 나타난 초유기체가 서로 경쟁하는 모나드들의 망網을 떠맡는 일이 없다는 것을 점검할 수 있다. 이것은 가장 분명하게 반反뒤르켐적일뿐만 아니라 반反스펜서적이기도 한 주장이다. 그러므로 우리는 논지를 올바르게 이해하려면, 그 주장을 길게 인용할 수밖에 없다:

"그렇지만 그 어떤 사회집단이 아무리 친밀하고 깊이 조화를 이루고 있어도, **집합적 자아**가 신기한 결과로서(그 구성원들이 단지 그 조건에 불과한 신기한 결과로서) 놀랍게도 느닷없이 나타나는 것은 결코 볼 수 없다. 집단 전체를 대표하고 상징하는 한 명의 구성원이나 각자가 특수한 측면에서 집단을 완전히 똑같이 개별적으로 표현하는 소수의 구성원들(한 나라의 장관들)은 아마도 언제나 있을 것이다. 그러나 이 우두머리나 우두머리들도 역시 언제나 그들의 부모에게서 태어난 집단구성원이지, 그들의 신하나 피통치자에게서 집단적으로 태어난 것이 아니다. 그런데 의식이 있는 인간들의 일치는 어느 사회에서든 그러한 위력이 없는데, 의식이 없는 뇌세포들의 일치는 왜 발달되지 않은 뇌에서도 의식을 매일 무無에서 불러일으키는 능력을 갖고 있는가?"《모나돌로지와 사회학》, p.73).

주장이 아주 과격하기 때문에, 제정신인 사람이라면 누구나 이 주장에 움찔할 것이다. 그렇지만 타르드 인식론의 좌우명을 잊지 말라: 조롱에 대한 두려움은 철학의 미덕이 아니다. 우리가 태아 뇌에서 여러 특성이 돌연히 나타났다고 믿는 유일한 이유는 우리가 그 뇌에서 연결된 집합체를 내부에서 보지 못하기 때문이다. 그러나 인간사회의 경우 우리는 **집합적 자아**moi collectif라는 것이 없다는 것을 확실히 알고 있다. 왜냐하면 대표자는 결코 홉스의 '죽음을 면할 수 없는 신mortal god'처럼 리바이어던이 아니라, 언제나 우리 중의 한 사람이고, 어머니와 아버지에게서 태어났으며 단지 '집단을 자기 속에 개인화할' 수 있을 뿐이기 때문이다. 인간 집단에 거시사회가 없다면, 어디에도 거시사회는 없다. 즉 그것을 훨씬 더 반反직관적인 방식으로 표현하면: 작은 실체가 언제나 큰 실체라는 것이다.

이것을 이해하려면 우리는 인간사회를 별개로 만드는 또 하나의 특징을 추가해야 하는데, 이 특징은 처음에는 훨씬 더 색다르게 보인다: 그 결합체들은 안에서 보일 뿐만 아니라, 그것들은 또한 다른 모든 사회와 비교하면 아주 적은 요소들로 이루어져 있다. 폴립polyp, 뇌, 돌, 가스, 별은 인간사회보다 훨씬 더 막대한 모나드들의 집단으로 이루어져 있다. 몹시 재미있는 순간에, 타르드는 그 당시 가장 큰 인간사회인 중국을 다른 아무거나와 비교한다. 3억 명(당시 중국의 규모)밖에 안 되는 사회가 무슨 의미가 있단 말인가? **"최종적인 해부학적 요소의 수가 그 정도밖에 되지 않는 유기체라면, 그것은 식물계나 동물계에서**

는 틀림없이 낮은 단계에 놓일 것이다!"'《모나돌로지와 사회학》, p.66. 강조는 타르드). 어떤 뇌도 3억 개 이상의 집합체로 이루어져 있으며, 어떤 먼지 가루도 어떤 마이크로리터microliter[100만 분의 1리터]의 가스도 마찬가지다. 우리가 고찰하는 대부분의 사회에 대해서는 막대한 수의 상호작용을 평균내는 통계정보만 가질 뿐이다. 따라서 우리는 그 사회에서는 원자요소와 거시현상 사이에 막대한 간격이 있다는 것을 자명하다고 생각하는 경향이 있다. 그러나 아주 소수의 실체로 이루어진 인간사회에 대해서는 그렇지 않지만, 우리가 속해 있는 사회에 대해서는 우리는 모든 개개의 거시요소가 일정한 경로를 거쳐 만들어지며 이 경로에는 철저하게 경험적인 흔적이 있다는 것을 확실하게 알고 있다. 인간사회의 경우, 한 상호작용에서 다음 상호작용으로 가려면 여러분이 척도scale를 바꾸어 큰 사회Society나 어떤 그런 큰 동물Big Animal을 거쳐야 한다고 주장할 수 있는 사람은 아무도 없다. 우리가 잘 아는 유일한 경우, 즉 인간사회에서는 작은 것이 큰 것을 갖고 있기 때문에 다른 모든 사회의 경우에도 마찬가지임이 틀림없다고 타르드는 주장한다. 척도를 바꾸지 않고서는 돌, 가스나 미립자의 모나드 수준에 도달하는 법에 대해 우리가 전혀 알 수 없는 경우를 제하고는 말이다. 우리는 인간사회를 통계적으로만 파악할 뿐이다.

우리는 사회과학에서 복잡성의 수준, 높은 질서, 돌연히 나타난 특성에 대해서, 그리고 거시구조, 문화, 사회, 계급, 국민국가에 대해 말하는 데 아주 익숙해 있다. 따라서 그러한 주장을 아무리 여러 번 들어도, 우리는 곧 잊어버리고는 마치 러시아 목각 인형들을 차례대로 깔끔하게 채워넣지 않으면 생각할 수 없는 것처럼 국지적인 상호작용들을 가장 작은 것에서 가장 큰 것까지 정렬시키기 시작한다.[x] 그러나 타르드는 철저히 헤테라키적heterarchic[*]이다. 큰 것, 전체, 웅대한 것이 모나드들보다 위에 있지 않다. 그것은 단지 모나드들 중 어느 한 모나드의 목적, 즉 자신의 견해 중 일부를 다른 모나드들도 함께 하게 하는 데 성공한 어느 한 모나드의 목적을 보다 단순하게 또 보다 표준화시켜 개작한 것일 뿐이다. "그 아름다운 조화(민법전과 같은)는 실행되기 이전에 생각해내지 않으면 안 되었기 때문이다. 사회적 조화는 그것이 광대한 영토를 뒤덮기 전에는 먼저 어떤 뇌 세포 안에 숨어 있는 관념의 형태로만 존재하였다"(p.116)라고 그는 《사회법칙Les Lois sociales》(1898년에 출간된 약간 더 통제되고 더 잘 구성된 책)에서 쓰고 있다.[xi] 표준화조차 ─ 이 표준화는 거시적인 효과를 잘 나타내는데 ─ 언제나 아래로부터의 한 요소의 영향으로 되돌릴 정도로 타르드는 완전

---

[x] 나는 논문 (Callon et Latour, 1981)에서부터 포토 에세이(Latour et Hermant, 1998)에 이르기까지 그것을 자주 시도했지만, 사회학자들을 그 점에 대해 확신시키는 데는 성공하지 못하였다. 민속방법론자들ethnomethodologists도 실패했다. "거시macro"가 세워지는 곳을 "미시micro"가 세워지는 곳과 똑같은 눈으로 연구하겠다는 그들의 분명한 약속에도 불구하고, 그들은 항상 자신들의 방법에 대한 "미시적인" 정의로 되돌아갔기 때문이다(Hilbert, 1990).

[*] heterarchy란 등위질서 또는 자율적 수평적 복합조직을 뜻하는 말로, 단일 권력 중추를 가진 계층제 즉 hierarchy와 대비된다.

[xi] Tarde, 1999.

히 환원주의자다. 그런데 이때 "아래below"라는 것은 당연히 올바른 은유가 아니다.

여기서도 우리는 또 다시 천천히 가야한다. 첫 번째 어려움은 어떻게 해서 큰 것이 작은 것에서 생겨나지 않고 어떻게든 그 몇 가지 특징을 전면에 내세우는지를 파악하는 것이다. 타르드의 대답은 처음에는 꽤 이상하게 보인다: "우리가 그 안에서 인식할 수 있는 유일한 세계인 (인간) 사회세계를 관찰한다면, 행위자 즉 인간이 통치기구, 법이나 믿음의 체계, 사전이나 문법 등 이런 것들에 의해 유지되는 것보다 훨씬 더 분화[차이화]되어 있고 개인마다 특징이 있으며 또 훨씬 더 풍부하게 지속적으로 변하는 것을 우리는 보게 된다. 하나의 역사적 사실은 (거기에 참여하는) 행위자들 중 한 사람의 그 어떤 정신상태보다 더 단순하고 분명하다"《모나돌로지와 사회학》, p.75).

스탕달의 소설 《파르므의 수도원La Chartreuse de Parme》[1839년 출간]에서와 같이, 파브리스는 워털루에서 나폴레옹이 행한 – 그리고 나 같은 유로스타Eurostar* 통근자라면 누구나 잘 아는 것처럼, 그가 패배한 – 전투의 내력 전체보다 더 복잡한 세계를 채운다 … 타르드가 미시사microhistory를 그 발견자들보다 수십 년 전에 발명했다고 말할 수 있다. 네트워크가 무엇과 비슷한지에 대해 우리가 어렴풋이라도 알기 훨씬 전에 그가 행위자 연결망 이론ANT을 발명한 것과 마찬가

---

* 영국, 프랑스, 벨기에 세 나라에 의해 공동 운영되는 고속열차.

지로 말이다. 그는 《사회법칙》에서 다음과 같은 참으로 멋진 연구계획을 썼다:

"일반적으로 하나의 연설보다는 한 마디의 말에 더 많은 논리가 있으며, 일련의 연설이나 연설집보다는 하나의 연설에 더 많은 논리가 있다. 교의 전체보다는 특정한 의례에, 법전 전체보다는 하나의 법조문에, 과학 논문집 전체보다는 특정한 과학이론에 더 많은 논리가 있다. 한 노동자의 행동 전체보다는 그가 행하는 각각의 노동에 더 많은 논리가 있다"(《사회법칙》, P.115).

그는 자신의 환원주의에서 – 또는 작은 것이 항상 더 복잡하기 때문에, 역逆환원주의에서 – 아주 멀리 나간다. 따라서 《모나돌로지와 사회학》에서 그는 구조주의 설명의 성지聖地이자, 랑그langue와 파롤parole 간의 차이가 명백하게 나타난다는 (타르드에게는 그렇지 않지만) 둘도 없이 분명한 경우인 언어에도 똑같은 주장을 펼친다. "사람들은 모두 다양한 억양, 음정, 목소리, 몸짓으로 말한다. 여기에 사회적 요소, 즉 조화되지 않은 이질성으로 이루어진 진정한 혼란이 있다. 그렇지만 마침내는 이 혼란스러운 바벨탑에서 일반적인 언어습관이 흘러나오며, 그 습관은 문법으로 정식화될 수 있다"(《모나돌로지와 사회학》, p.82). 언어 행위를 넘어서든 그 밑에서든 구조라는 말을 쓰는 그 어떠한 주장에도 반대하면서, 타르드는 일종의 완전히 반대되는 사회언어학 내지 화용론話用論을 상상한다. 이러한 사회언어학이나 화용론에서는 구조란 말하는 사람들 가운데 **어떤 한 사람**의 단순화되고 관례화된 반복적인 요소 중 어느 하나에 불과한 것으로서, 그가 어떤 남자나 어떤 여자의 국지적인 전통을 일반적인 관용어에 용케 포함시킨 것이다.[xii] 그리고 이러한 표준화와 확대에는 잘못된 것이 없다. 이 표준화와 확대는 즉시 모나드들이 다시 다르게 하는differ것을 내버려두기 때문이다. 타르드는 위의 문장에 이어서 즉시 다음과 같이 덧붙여 말한다:

"문법은 말하는 많은 사람들을 함께 교류하게 하지만, 이번에는 사람들이 각자 자기 생각의 고유한 표현(즉 다른 종류의 불일치)을 두드러지게 하는 데만 소용될 뿐이다. 그리고 문법은 그 자체가 더 고정되고 획일적인 것이 될수록 정신을 더욱더 다양화하는 데 성공한다"《모나돌로지와 사회학》, p.82).

거시적인 특징들은 매우 일시적인 것이며 사건을 지배할 능력이 별로 없다. 따라서 그것들은 결국 더 많은 차이가 생겨나는 기회l'occasion의 역할을 할 뿐이다! 어떤 언어구조가 우리 언어 행위의 처음부터 끝까지 작용하기는커녕, 구조적인 요소들이 문법, 사전, 견본의 형태로 여기저기 떠돌아다니면 다닐수록, 그것들은 더욱더 언어 행위가 서로 다를 수 있게 해줄 것이다! 화용론 부문이 다음과 같이

---

[xii] 민속방법론과 거기서 나온 화용론이 오늘날 그것만큼이나 대담한 단 하나의 언어학 영역일 것이다. 이들은 구조를 말하지 않고, 국지적으로 생겨난 수많은 구조화하는 효과(그렇지만 언어행위에 대해서 아무런 특권도 없는 효과)를 말한다.

말할 만큼 감히 아주 멀리 나간 적은 아무 데도 없었다. 즉 언어구조란 무수한 것 중 하나의 언어행위라는 것, 다시 말하면 달라지는 어법의 증대를 더욱 촉진시키는 하나의 조정 도구이다.

논의가 언어에 한정되었지만, 이것은 타르드가 사회적인 것에 대해서 어떻게 하려고 하는지 알게 해준다. 이를테면 대면적對面的인 상호작용에서 '보다 큰' 사회구조로 나갈 때 고프먼Goffman에서 파슨스Parsons로 넘어가기는커녕, 타르드는 모든 수준에 대해서 똑같은 방법을 유지한다 – 어쨌든 수준levels은 결코 없다. 여기서 또 하나의 긴 인용문이 필요하다. 그 주장이 처음에는 기묘한 느낌을 주지만 말이다. 그것을 이해하기 위해서는, 독자는 큰 것이 어느 한 작은 요소의 단순화 그 이상의 것이 결코 아니라는 점을 기억하고 있어야 한다:

"이 중대한 진실을 강조해 보자: 저 각각의 거대한 규칙적인 메커니즘, 즉 사회 메커니즘, 생물 메커니즘, 천체 메커니즘에서는 마침내 그것들을 부수는 모든 내부 반란이 비슷한 조건에 의해 야기된다는 것을 주목할 때, 그러한 진실로 나아간다. 그런데 이 비슷한 조건이란 그 메커니즘의 구성요소들(그 법칙을 일시적으로 구현하는 여러 부대의 병사들)은 그것들이 구성하는 세계에 언제나 그 존재의 한 측면에서만 속하고 다른 측면에서는 그 세계를 벗어난다는 것을 뜻한다. 이 세계는 그 구성요소들이 없으면 존재하지 못할 것이다. 그렇지만 그 구성요소들은 이 세계가 없어도 여전히 [존재하는] 어떤 것일 것이다. 각각의 요소가 그의 부대에 편입되는 데서 갖게 되는 속성이 그 요소의 성질 전체를 형성하지 않는다. 그것은 여러 다른 부대에 소속했을 때 지니게 된 다른 성향이나 다른 본능도 갖고 있다. 마지막으로는 게다가(우리는 이 귀결의 필연성을 앞으로 보게 될 것이다), 그 요소는 자기 자산資産에서, 자기 자신에서, 근본적인 고유한 실체에서 나오는 다른 성향도 갖고 있다. 따라서 자신이 그 일부를 이루기 때문에 자기보다 더 방대하지만 더 깊지는 않은 집합적인 힘 – 존재들의 여러 측면과 겉모습으로 이루어진 인위적인 존재에 불과한 집합적인 힘 – 에 대항해 싸울 때, 그 요소는 이 근본적인 고유한 실체에 의지할 수 있다"(《모나돌로지와 사회학》, p.92).

직접적인 해체의 위협을 끊임없이 받는 사회질서에 대한 예사롭지 않은 묘사다. 어떤 구성요소도 완전히 그 사회질서의 일부가 아니기 때문이다. 모든 모나드는 '상위'질서라는 인위적인 존재를 넘어선다. 왜냐하면 모나드는 그 상위질서의 존재를 허용하는 일에서는 그 자신의 조그마한 부분 즉 **겉모습**만 빌려주었기 때문이다! 여러분은 모나드들의 **측면**은 얼마간 징집할 수 있지만 결코 그들을 지배할 수 없다. 반란, 저항, 붕괴, 음모, 대안은 어디에나 있다. 들뢰즈와 가타리의 《천 개의 고원Mill Plateaux》을 읽는 느낌이 들지 않는가? 사회적인 것은 전체가 아니라 하나의 부분이며, 그것도 부서지기 쉬운 부분이다!

당연히, 어떤 입장도 사회과학의 직업적[전문적]인 반사행동에서 이보다 더 멀리 있을 수는 없다. 타르드는 《사회법칙》에서 약간 열정적으로 설명한다.

"그러나 여기에서도 똑같은 오류가 나타난다. 비록 그 형태는 다양하고 규모가 작지만 말이다. 즉 사회적 사실들에서 규칙성, 질서, 진행이 조금씩 나타나는 것을 보려면, 본질적으로 불규칙한 세부에서 벗어나 거대한 전체의 전경全景을 파악할 수 있을 만큼 매우 높은 곳에 올라가야 한다고 생각하는 오류가 그것이다. 달리 말하면, 모든 사회적 조화의 원리와 원천은 아주 일반적인 어떤 사실 속에 있으며, 이 사회적 조화는 아주 일반적인 사실에서 개별적인 사실로 내려오게 되면 그 조화의 정도가 약해진다는 것이다. 요컨대, 행동하는 것은 인간이지만 그를 이끄는 것은 진화의 법칙이라는 것이다. 나는 말하자면 그 반대가 옳다고 생각한다"(《사회법칙》, p.114).

훌륭한 사회학자가 되려면, 올라가는 것, 폭넓은 시야를 갖는 것, 거대한 경치를 수집하는 것을 거부해야 한다. 사회학자 여러분, 내려다보라. 훨씬 더 눈 먼 사람이 되라. 훨씬 더 편협해져라. 훨씬 더 현실적이 되라. 훨씬 더 근시안이 되라. 그를 나의 할아버지라고 할 때, 내가 옳지 않은가? 그는 우리에게 내가 팬옵티카panoptica 대신에 '올리곱티콘oligoptiocon'이라고 부른 것에 참여하라고 요구하고 있지 않은가?* 그는 내가 '평평한 사회flat society' 주장이라고 부른 것을 옹호하고 있지

---

* panoptica는 모든 것을 본다는 뜻으로 전경全景,panorama, 총체적인 감시 개념과 관련있는 반면에, oligopticon은 조금 본다는 뜻으로 가는 선, 일련의 연관을 따라가는 것과 관련있다. 브뤼노 라투르는 1998년 그의 책《파리, 보이지 않는 도시Paris, Ville invisible》에서 팬옵티콘panopticon과 대비되는 개념으로 이 올리곱티콘 개념을 제시한 바 있다.

않은가? '큰 그림big picture', 즉 호박보다 더 크지 않은 모습을 공중에 손으로 그리는 사회학자들의 이 전형적인 몸짓이 제공하는 그림은xiii 무수한 모나드보다 언제나 더 단순하고 국부적이다. 그 그림은 이 무수한 모나드를 부분적으로만 표현할 뿐이다. 그것은 이 모나드들 없이는 있을 수 없지만, 모나드들은 그 그림이 없어도 여전히 존재하는 그 무언가일 것이다. 사회적인 것은 인간이 그 안에서 자라고 살아가는 환경이 결코 아니다. 사회적인 것은 모나드들 중 일부만이 얼마 동안 차지하는 소수의 좁게 표준화된 연결에 불과하다. 이 연결의 도량형[계측법]은 엄격하게 강화되고 유지되어야 한다. 그렇지 않으면 그것은 우글거리는 극미한 행위소들actants*의 내적인 저항에 어쩔 수 없이 붕괴될 것이다. 그 조그마한 연결망을 떠나자마자, 여러분은 더 이상 사회적인 것 속에 있지 않고, 무수한 모나드로 구성된 혼란스러운 '원형질plasma', 혼돈, 혼합주 속으로 떨어진다. 사회과학자들이 무슨 짓이라도 해서 응시凝視하지 않으려고 하는 그곳으로 말이다.xiv

뒤르켐과 타르드가 스펜서를 비판하는 데는 의견을 함께 하면서도 사회적인 것에 대한 그들의 견해를 일치시킬 수 있는 방법이 없었다는 것은 지금쯤이면 분명해졌을 것이다. 그들 둘 다 스펜서의 생물학

---

xiii 작은 것보다 결코 더 크지 않은 "큰 그림"에 대해서는 다음을 보라. Latour, 1988.

* 라투르가 기호학에서 빌려온 개념으로, 행위할 수 있는 능력을 연결망에 의해 부여받은 인간 및 비인간의 모든 실체를 가리킨다.

xiv 원형질에 대해서는 Latour et Hermant(1998) 이외에도 다음을 보라. Didier, 2001.

적 은유가 인간사회를 이해하는 데는 쓸모없다고 믿지만, 전혀 다른 이유에서다. 뒤르켐이 스펜서와 싸우는 이유는, 독특한$_{sui generis}$ 인간사회는 생물학적 유기체로 환원될 수 없기 때문이다. 타르드가 스펜서와 싸우는 이유는, 어쨌든 유기체는 없기 때문이다: 모든 유기체는 사회이므로 인간사회는 유기체일 수 없으며 게다가 초유기체일 수 없다. 이 공통된 거부가 우리 두 선조의 의견이 같다는 것을 의미하지 않는다. 뒤르켐주의자들은 타르드가 다음과 같이 주장한 것을 오늘날까지 결코 용서하지 않았기 때문이다: 그들은 단지 설명되어야 할 요소$_{explanandum}$를 설명하는 요소$_{explanans}$로 받아들였을 뿐이다. 타르드는 뒤르켐의 사회학이라는 말의 사용에 대한 자신의 놀라움을 아주 정중하게 표현하지만, 《사회법칙》에서 다음과 같이 쓸 때는 통렬하게 빈정댄다:

"[나의 생각은] 요컨대 뒤르켐 씨의 그것과 거의 반대다. 나는 전체 현상을 재생산하도록 하는, 즉 일정한 순서대로 동일하게 반복하도록 하는 소위 진화법칙을 강요해 전체를 설명하지 않으며, 또한 작은 것을 큰 것으로, 세부적인 것을 많은 부분으로도 설명하지 않는다. 오히려 나는 전체의 유사를 기초적인 작은 행위들의 축적으로, 큰 것을 작은 것으로, 많은 부분을 세부적인 것으로 설명한다"(《사회법칙》, p.63).

뒤르켐이 사회란 대단히 일시적인 결과 그 이상의 것이 결코 아니라는 사실을 보지 못하고, 사회를 원인으로 받아들였다는 것 즉 모나드들이 앞으로 또 다시 분화되는 단순한 기회로 이용했다는 것만 문제되는 것은 아니다. 타르드에 따르면, 뒤르켐은 또한 사회법칙을 그 법칙에 따라 **행동하는** 행위자와 **구분짓는** 더욱 파멸적인 잘못도 저질렀다. "우리는 다른 곳에서와 마찬가지로 여기에서도, 사회학이 진화하면서 거대하고 모호한 원인이라는 공상적인 높은 것에서 무한히 작은 실제적이며 정밀한 작용[행위]으로 내려왔다는 것을 보았다"(《사회법칙》, p.118). 우리가 몇 쪽 앞의 인용문에서 본 것처럼, 타르드는 '인간은 자신을 움직이지만 진화법칙이 그를 이끈다'는 것을 믿을 수 없다. 사회이론에는 모나드들 자신과 다를 수 있는 법칙이 없다. 타르드가 그의 모나드론으로 철거한 것은 법칙과 그 법칙에 복종하는 것 간의 이러한 구분이다. 이 구분이 그 밖의 사회과학에서는 아무리 명백하더라도 말이다. 인식론에서의 이 완전한 이동은 내가 본 장에서 다루고 싶은 마지막 사항이지만, 이것은 또한 가장 고된 사항이기도 하다. 그러나 그의 주장을 올바로 알기 전에, 우리는 왜 그가 또한 과학 연구를 사회이론에서의 그의 주장에 중심적인 것으로 삼았는지도 이해해야 한다.

타르드가 인간사회를 분석할 때 자신이 무엇을 염두에 두는지에 대해서 가장 좋은 예를 제시하려고 할 때, 앞에 나서는 것은 언제나 과학사다. 그는 과학학science studies을 바로 사회이론의 중심에 놓는다. 이 학문이 만들어지기 무려 80년 전에 말이다! 그가 우리의 조상이며, 내가 단지 부모 없는 이론을 품고 있는 것이 아닐까 하는 두려움 때문에 이 계보를 만들어내는 것이 아니라는 사실을 독자는 이제 확신하는가? 인간사회의 다른 모든 측면의 경우에는, 모나드가 퍼져 나가는 길(우리는 행위자와 그 연결망이라고 말하고 싶다)이 관습과 습관 때문에 잊혀지거나 지워질지도 모른다. 그러나 사회이론에 가장 인상적인 사례가 되는 하나의 예외가 있는데, 그것은 과학 실천이 어떤 고립된 실험실에 있는 한 자그마한 뇌에서 마침내는 인류의 상식이 되기 위해 가는 길이다. 과학에서는 그 흔적을 완전하게 추적할 수 있다:[xv]

"아마도 인간의 모든 건조물 중에서 가장 웅대할 것이라고 생각되는 과학 건조물에 대해서는 의심할 여지가 없다. 이 건조물은 역사상 가장 빛나는 시기에 건설되었으며, 우리는 그 기원부터 오늘날에 이르기까지 그 발전의 거의 모든 것을 알고 있다. (…) 거기에 있는 모든 것은 개인에게서 생겨난 것이다. 소재뿐만 아니라 계획도 개인에게서 생겨난 것이다. 세부 계획이든 전체 계획이든 말이다. 모든 것, 심지어는 현재 교양 있는 모든 뇌에 퍼져있고 또 초등학교에서 가르치고 있는 것조차 처음에는 혼자 있는 한 뇌의 비밀이었다"(《사회법칙》, p.125).

---

xv 이것이 인터넷이 나에게는 매우 타르드적인 기술인 것처럼 보이는 이유다. 인터넷은 모든 루머, 모든 뉴스, 모든 정보, 모든 구매와 판매를 백 년 전의 과학만큼이나 정확하게 추적할 수 있게 해준다. 백 년 전의 과학은 논문이나 보고서의 기록 그리고 참고문헌과 인용문의 철저하게 연결된 망網을 통해 추적할 수 있었다. 이것은 사회의 일반적인 과학화의 또 하나의 경우다.

우리가 안에서 보는 인간사회의 경우 누구도 사회가 모나드들보다 더 크다고 주장할 수 없는 것과 마찬가지로, 과학사의 경우 어떤 혁신이 한 장소에서 다음 장소로 퍼진 이유를 설명할 수 있는 (설명하며 빠져나갈 수 있는) 시대정신이나 문화가 어딘가에 있다고는 누구도 주장할 수 없다. 우리는 아마도 영향, 모방, 혼합, 관례화를 통해 인간사회를 일관되게 만드는 모든 움직임에 증거 자료를 제공할 수는 없을 것이다. 그러나 우리는 과학 역사의 단 한 경우에 대해서는 그렇게 할 수 있다. 왜냐하면 우리는 오늘날 소위 과학계량학scientometrics이라는 질 높은 도구의 이득을 보기 때문이다.

"어떤 젊은 농부가 일몰을 보고서 그것이 일어나는 이유는 지구 운동 때문이지 태양 운동 때문은 아니라고 말한 학교 선생님을 믿어야 하는지 아니면 그 반대를 말해주는 그 자신의 감각증거를 믿어야 하는지 잘 모를 때는, 학교 선생님을 통해서 그 자신을 갈릴레이와 연결시키는 단 하나의 모방 광선 밖에 없다. 어쨌든 그의 망설임[xvi], 즉 그의 내적인 개인적 대립의 원인이 사회적인 것이라는 사실은 이러한 예로 충분하다 (《사회법칙》, pp.87-88).

우리는 '모방 광선imitative ray' 개념에 의욕이 꺾여서는 안 된다. 타르드의 어휘는 약간 기묘하다. 그러나 밈학 문헌의 독자라면 모방 광선

---

[xvi] 망설임은 타르드 사회학의 중요한 요소 중 하나다. 이 요소는 특히 경제인류학에 대한 한 매력적인 책에서 잘 발전되었다(Tarde, 1902).

을 변환, 유사 선택, 재생산 전략 등과 같은 보다 현대적인 다른 어떤 은유로 대체할 수 있다. 우리는 또한 행위자 연결망 개념을 이용해 갈릴레오의 발견과 젊은 농부의 망설임 간의 끈을 설명해도 괜찮다. 또한 마치 타르드가 개개의 과학자를 혁신자로 내세워 자신의 주장을 관철하는 것처럼, 우리가 사회학 이론을 심리학적 번안과 교환했다고 걱정할 것 없다. 이것이 뒤르켐주의자들이 그로 하여금 말하게 하려고 한 것이지만, 어떤 사회학도 타르드의 사회학만큼 심리학에서 멀리 있지 않았다.xvii 이 놀랄 만큼 멋진 문장의 저자를 어떻게 방법론적 개인주의의 조상으로 삼을 수 있는가? "일반 사람들의 속을 잘 살펴보면, 우리는 그 수가 늘어날수록 혼란스러워지고 구분이 잘 안 되는 일정한 수의 그 남자들이나 그 여자들 이외에는 어느 것도 찾아볼 수 없을 것이다"《사회법칙》, p.61). 바로 ANT에서처럼, 여러분이 연결망을 이해하고 싶을 때는 언제나 행위자를 찾아가 보라. 그리고 행위자를 이해하고 싶을 때는 그가 그린 연결망을 충분히 조사해 보라. 이 두 경우 모두에서, 요점은 사회라는 모호한 개념을 거친 통행을 피하는 것이다. 이것이 '과학 천재'라는 말이 그의 펜에서 매우 이상한 의미를 지니는 이유다: 우리는 갑자기 동인動因agencies이 무수한 다른 과학자뿐만 아니라 무수한 뇌 상태에도 완전히 재분배되는 것을 똑바

---

xvii 그는 (그가 다루지 않는) 내內심리학intra-psychology과 (사회학과 동의어인) 간間심리학inter psychology을 언제나 매우 신중하게 구분한다. 그가 이 표현을 사용하는 이유는 우리가 행위자/구조 이분법을 피하기 위해 행위자−연결망 표현을 쓸 수밖에 없는 것과 아주 똑같다.

로 보게 된다!

"모든 정신활동이 신체기관의 기능과 관련되어 있다는 이 위대한 진실은 우리 관점에서 무엇을 뜻하는가? 이 진실은 다음과 같은 것으로 귀착된다. 즉 사회에서는 그 어떤 개인도 다른 많은 사람들(대부분의 경우 처음에는 알지 못한 다른 개인들)의 협력 없이는 사회적으로 활동할 수 없으며 어떤 식으로든 자신을 나타낼 수 없다는 것으로 귀착된다. 잘 알려지지 않은 연구가들이 작은 사실들을 축적해 위대한 과학 이론의 출현을 준비하며, 그것을 뉴턴, 퀴비에, 다윈 같은 사람이 정식화한다. 이 잘 알려지지 않은 연구가들은 어떤 의미에서는 유기체며, 천재는 그것의 혼이다. 그들의 연구가 뇌의 진동이라면, 그 위대한 과학이론은 그 진동에 대한 의식이다. 의식이란 뇌의 **영광**, 어떤 의미에서는 뇌에서 가장 영향력이 있고 가장 유능한 요소의 영광을 의미한다. 따라서 자기 혼자 내버려져 있는 모나드는 아무 것도 할 수 없다"(《모나돌로지와 사회학》, p.69-70).

그런데 이 사람이 심리학주의, 개인주의, 더 나쁘게는 정신주의의 죄를 저질렀다고 비난받아왔다! 뉴턴의 심리 과정을 어떤 두뇌 상태의 '뇌의 영광gloire cérébrale'으로 감히 격하시키는 사람을 말이다! 앨런 소칼Allan Sokal* 인식론의 호전적인 옹호자인 리차드 도킨스Richard

---

* 미국의 물리학자(1955년 생). 포스트모더니즘 철학계를 붕괴 직전까지 몰아넣은 지적 사기극 소칼 사건을 일으킨 것으로 유명하다.

Dawkins조차도 감히 그의 혁신을 우월성[지배권]을 위해 싸우는 그의 어떤 뇌 부분의 변화로 격하시키지 못했다:

"이것은 다소 분명한 자기 나름의 성격을 지닌 그 여하한 사회적 산물(예를 들면 산업제품, 시, 문구, 뇌의 구석 어딘가에서 어느 날 나타난 어떤 정치 사상)이 알렉산더 대왕처럼 세계 정복을 꿈꾸고, 사람들이 있는 곳이면 어디에나 무수한 표본을 통해 자신을 투사하려고 하는 이유다. 그 사회적 산물이 도중에 멈추는 것은 그에 못지않게 야심을 지닌 경쟁자와 충돌해 뒤로 물러날 때뿐이다"(《모나돌로지와 사회학》, p.118).

이 지점에서 타르드의 인식론은 실제로 성과를 거두기 시작한다. 방금 인용한 대목에서 분명하게 나타나는 것처럼, 다루어야 할 동인들 ─ 즉 우리가 뭔가를 설명하고 싶어한다면 실제로 고려해야 하는 동인들 ─ 은 인간 행위자도 사회구조도 아니다. 그것들은 불안정한 집합체를 구성하려고 노력하는 모나드들 자신, 우리가 행위소 또는 세계를 형성하는 엔텔레키entelechies라고 부르고 싶은 것이다. 과학은 마치 우리가 모나드들의 행동 법칙을 찾아내고 있는 것처럼 우리에게 그 모나드들을 밖에서 **연구하게** 하는 것이 아니다. 과학은 모나드들이 퍼져나가 자신들의 세계 형성 활동으로 의미를 취하는 **방법들 중 하나다.** 라이프니츠의 모나드들과는 반대로, 그것들은 그 어떤 예정된 조화에 의해서도 연결되어 있지 않다. 당연히 타르드에게는, 자신의 특수한 종류의 형이상학적 다원주의를 흐트러지지 않게 하거나

달래주는 신이 없다.[xviii]

"[라이프니츠는] 예정조화를 생각해 내지 않을 수 없었을 것이다. 이는, 떠돌아다니는 맹목적인 원자들을 보완하기 위해 유물론자들이 모든 법칙이 되돌아오는 보편적인 법칙이나 통합적인 공식을 내세우지 않을 수 없는 것과 같다. 그들이 내세우는 보편적인 법칙이나 통합적인 공식이란 모든 존재가 복종하지만 그 어떤 존재에서도 유래하지 않는 일종의 신비한 명령 같은 것이며, 또한 그 누구도 결코 입 밖에 내지 않았지만 어디서나 언제나 들리는 일종의 말, 그러면서도 표현할 수도 이해할 수도 없는 일종의 말 같은 것이다"(《모나돌로지와 사회학》, p.54).

이 예사롭지 않은 문장에서, 타르드는 유물론자들과 유심론자들을 처음부터 다시 시작하게 한다. 왜냐하면 그들 양쪽 다 행위자의 행위와 그 행위자에게 작용하는 법칙을 구분하기 때문이다. 맹목적인 원자들의 활동을 지배하는 자연법칙에 대해 말하는 것은 그 원자들에 어떤 의지나 목적을 부여하는 것보다 훨씬 더 유심론적이다. 왜냐하면 그것은 "어느 누구도 입 밖에 낸 적"이 전혀 없는 어떤 위에서의 목소리를 들으면서 그 목소리에 "복종한다"는 것을 의미하기 때문

---

[xviii] 그리고 타르드가 신자유주의 경제를 분쇄했을 것이라는 사실은 말할 필요도 없다. 밈 연구가들은 그것을 유전자나 문화에 투사해, 무엇이 성공을 만들어 내는지를 해결하려고 하지만 말이다. 무엇이 성공을 만들어내는지에 대한 자신의 정의를 펼치는 것이 모나드들이 서로 경쟁하는 형이상학적 논쟁 중 하나다. 다른 곳에서처럼 여기서도 그는 신다윈주의자들보다 더 다원적이다.

이다. 유물론자들은 "신비한 명령"을 믿는다. 왜냐하면 그들의 인식론은 과학을, 행위소들이 그 자신들의 집합체를 이해하려고 할 때 하는 것과 분리시키기 때문이다.

어떤 의미에서는, 화이트헤드Whitehead보다 30년이나 앞서서 타르드는 "자연의 분기分岐bifurcation of nature"에 대한 해결책을 찾으려고 한다.[xix] 두 개의 어휘(행위자에 대해서 하나 그리고 그 행위자들을 움직이게 하는 원인에 대해서 하나)를 갖지 않고, 단 하나의 어휘로도 할 수 있다. 행위자가 전체를 어떤 일종의 관점이나 주름folding 속에 집중한다는 조건에서 말이다.[xx] 내가 이미 인용한 것처럼, 모나드는 "자신을 위한 하나의 우주이며, 라이프니츠가 의도한 것처럼 소우주일 뿐만 아니라, 단 한 존재에 의해 정복되고 흡수되는 우주 전체다"(《모나돌로지와 사회학》, p.56). 과학들도 — 보다 정확하게 말해서, 두뇌 상태에서 두뇌 상태로의 전파를 통해 스스로 행동하는 집합적인 이론들도 — 이러한 정복에 나서고 있다. 그러나 그렇게 하면서 그것들은 자연법칙을 기록해 두지 않는다. 그것들은 자연법칙에 더 많은 차이를 **추가한다**. "각 사물의 밑바탕에는 실제로든 있을 수 있든 다른 모든 사물이 있다"(《모나돌로지와 사회학》, p.57).

---

**xix** 화이트헤드(1920)는 어렵지만 중요한 책에서, 같은 일몰 현상에 대한 두 개의 모순된 해석에 직면한 목동의 것과 똑같은 문제를 다시 끄집어냈다. 사건이라는 주요 개념에 대해서는 다음을 보라. Whitehead, 1929, 1978을 보라.

**xx** 특히 라이프니츠와 관련해 주름fold 개념에 대해서는 다음을 보라. Deleuze, 1988. 1993은 이 책의 번역이다.

아마도 우리는 이제 들뢰즈에게 아주 많은 영향을 미치게 되는 《모나돌로지와 사회학》의 이 문장을 파악할 준비가 더 잘 되어있을 것이다:

"존재한다는 것은 차이가 난다는 것이다. 사실 차이란 어떤 의미에서는 사물의 실제적인 측면이다. 즉 사물들에는 가장 고유한 동시에 가장 공통된 것이다. 바로 거기서 출발해야 한다. 그리고 동일성을 포함한 모든 것은 이 차이로 되돌아가기 때문에, 그 차이를 동일성에서 출발해 잘못 설명하지 않도록 주의해야 한다. 사실 동일성은 차이의 최소치에 불과하며, 결국 일종의 차이, 그것도 극히 드문 종류의 차이에 지나지 않는다. 이는 휴식이 운동의 한 경우에 불과하며, 원이 타원의 **특이한** 한 **변종**에 지나지 않은 것과 같다. 원초적인 동일성에서 출발하는 것, 이것은 그럴 가능성이 대단히 없는 단일성, 서로 다른 동시에 유사한 다수의 존재들 간의 있을 수 없는 우연한 일치, 또는 단 하나의 단순한 존재가 나중에 알 수 없는 이유로 분할되었다는 이해할 수 없는 수수께끼를 처음부터 가정하는 것이다.《모나돌로지와 사회학》, p.80).

그런데 무엇이 한 차이에서 다음 차이로 갈 수 있게 해주는 다리가 되는가? 동일성은 배제된다. 그렇다면 무엇인가? 소유Possession다! 그의 저작에서 가장 중요한 문장 중 하나에서, 타르드는 거의 스쳐가면서 언급한다:

"모든 철학이 지금까지는 있다[이다]Être라는 동사 위에 세워졌는

데, 이에 대한 정의는 발견해야 할 현자의 돌인 것 같았다. 모든 철학이 갖다<sub>Avoir</sub>라는 동사 위에 세워졌다면, 쓸데없는 많은 논쟁이나 정신의 많은 제자리걸음을 피했을 것이라고 우리는 주장할 수 있다. 나는 있다[…이다 ]<sub>je suis</sub>라는 이 원리는 아주 섬세함에도 불구하고, 거기서는 나의 존재 이외의 그 어떤 다른 존재도 이끌어낼 수 없다. 그러나 '나는 갖는다<sub>J'ai</sub>'라는 공리를 먼저 근본적인 사실로 간주하자. 그러면 가진 것<sub>l'eu</sub>과 가지고 있다<sub>l'ayant</sub>가 분리할 수 없는 것으로 동시에 주어진다"(《모나돌로지와 사회학》, p.102).

여기서 햄릿이 물러난다. 그리고 데카르트도 그의 코기토<sub>cogito</sub>[사유]와 함께 물러나며, 하이데거는 그의 존재로서의 존재<sub>Being qua Being</sub>와 함께 물러난다. "우리는 있다<sub>we are</sub>"는 것이 "우리는 갖는다<sub>we have</sub>"는 것보다 우월하다는 수많은 친숙한 상투어도 같이 물러난다. 타르드가 우리에게 가르치는 것은 정반대다. 동일성 철학(동일성 정치학은 말할 것도 없고)만큼 결실을 맺지 못하는 것은 없다. 그러나 소유철학 possession philosophy(그리고 어쩌면 소유정치학도?)은 더할 나위없는 연대와 구속을 만들어낸다. "수천 년 전부터 사람들은 존재의 여러 방식이나 다양한 정도에 대해서 목록을 작성해 왔지만, 소유의 여러 종류나 다양한 정도를 분류할 생각은 결코 하지 못했다. 그렇지만 소유가 보편적인 사실이다. 그 여하한 존재의 형성이나 성장을 표현하는 데는 획득<sub>acquisiotion</sub>이라는 용어보다 더 좋은 것이 없다"(《모나돌로지와 사회학》, pp.106-107). "존재"철학 안에서는 **본질**<sub>essence</sub>이 실체를 정의하는 방법이라면, "소유"철학에서는 실체가 그 속성/소유물$_{properties}$과 또한 그 탐욕$_{avidity}$으로 정의된다 ··· 타르드의 논리에서 벗어날 수 있는 길은 없다: 아무 모나드나 취해서, 그 속성/소유물과 그 소유자가 무엇인지 찾아본다면, 여러분은 우주 전체를 정의하게 될 것이다. 만약 여러분이 어떤 고립된 동일성의 본질만을 정의하려고 했다면, 그렇게 하지 못할 것이다.

동일성 철학에 대한 이 거부는 하나의 최종적인 결과를 갖는데, 이것은 물론 우리 ANT 사회학자들에게는 중요하다. 그것은 비인간 존재들의 지위인데, 이 때문에 우리는 매우 자주 비난받아 왔다. 인간과 비인간 존재 간의 경계의 횡단은 우리 독자들에게 많은 문제를 일으켰으며, 종종 우리의 사회이론이 생사를 같이 해야 하는 시금석으로 받아들여지고 있다. 그렇지만 100년이나 앞서서 타르드는, 그가 본질에서 속성/소유물로 주의를 돌릴 때 이 문제에 훨씬 더 튼튼한 해법을 제시한다. "모든 외부세계가 나의 것과는 다른 혼들, 그러나 근본적으로는 나의 것과 비슷한 혼들로 구성되어 있다"(《모나돌로지와 사회학》, p.35). '혼'이라는 말을 사용하고 있음에도 불구하고, 이것은 유심론적인 주장이 아니다. 그것은 단지 비인간 존재들이 무엇인지(즉 그것들의 정체성)를 말하기를 요구하는 위선을 끝장내고, 그것들이 무엇을 **원하는지**(즉 그것들의 탐욕, 소유 또는 속성/소유물)를 신중하게 자제하면서 말하는 하나의 방법에 지나지 않는다. 데카르트 다음에, 칸트도 그의 물자체와 함께 물러난다:

"돌이나 식물의 존재 자체가 무엇인지 모른다고 인정하면서 동시에 그것이 존재한다고 고집스럽게 말하는 것은 논리적으로 지지할 수 없다. 우리가 그것에 대해 갖는 관념의 모든 내용이 우리의 정신상태라는 것을 보여주기는 쉽다. 그리고 우리의 정신상태를 제외하면 남는 것이 아무 것도 없기 때문에, 그 알 수 없는 실체 X를 주장하면 우리는 그 정신상태만을 말하는 것이거나 또는 어떤 다른 것을 주장하면 우리는 아무 것도 말하지 않는 것이라고 고백할 수밖에 없다. 그러나 [돌이나 식물의]존재 자체가 근본적으로 우리 자신의 존재와 비슷하다면, 그것은 더 이상 알 수 없는 것이 아니기 때문에, 그 존재 자체에 대해서도 뭔가 말할 수 있다"《모나돌로지와 사회학》, p.35).

ANT학자들에게 아주 격렬하게 비난해온 논리적 불가능성 – 당신들은 어떻게 가리비, 미생물, 문의 자물쇠, 바위, 차와 도구에 의지와 믿음이 있다고 생각할 수 있는가? 말하는 이는 언제나 당신들 인간인데 말이다 – 은 타르드에게서 급진적이지만 건전한 해법을 찾아낸다: 만일 당신이 탐욕과 믿음을 당신에게 있는 사물들과 공유하고 싶지 않다면, 또 멈춰 서서 그것들이 무엇인지 말해보라. 비난이 뒤집어져서, 증명부담은 비난하는 자들에게 전가된다. 사물들은 그 자체로 존재하지만, 그것들을 알 수 없다고 말하는 우스꽝스러운 해결책을 삼가라. 말하거나 침묵하거나 둘 중 하나다. 그렇지만 당신은 아마도 당신이 말해 주는 사물들이 어쨌든 당신과 비슷하지 않다고는 말할 수 없을 것이다: 그것들은 당신을 통해서 일종의 차이(즉 말하는 사람the speaker인 당신you을 그 소유주 중 한 사람으로서 지니는 일종의 차이)를 표현한다. 동일성 철학으로는 불가능한 일처럼 보이는 것이 "변화alteration"철학에는 아무런 어려움도 제공하지 않는다. 소유는 번역에 대해 말하는 또 하나의 방법이다.

너무 짧긴 하지만 사회이론의 형이상학에 대한 타르드의 몇 가지 주장을 이처럼 설명한 이상, 우리는 이제 ANT에서의 아주 많은 것이 왜 어렵게 보이는지, 또 타르드의 전통이 왜 그토록 오랫동안 실제적인 후손이 없었는지를 이제는 이해할 수 있을 것이다: 사회학자들은 소유되는had 것을 원하지 않는다.

## 참고 문헌

Blackmore Susan(1999), The Meme Machine, Oxford, Oxford University Press.

Callon Michel et Bruno Latour(1981), "Unscrewing the Big Leviathans How Do Actors Macrostructure Reality", in Knorr, Karin et Aron Cicourel (Knorr, Karin et Aron Cicourel), Advances in Social Theory and Methodology. Toward an Intergration of Micro and Macro Sociologies, London, Routledge, p.277-303.

Deleuze Gilles(1968), Différence et répétition, Paris, PUF.

Deleuze Gilles(1988), Le Pli, Leibmiz et le Baroque, Paris, Minuit.

Deleuze Gilles(1993), The Fold, Leibnitz and the Baroque (translated by Tom Conley), Athlone Press.

Didier Emmanuel(2001), De l' échantillon à la population. Thèse de doctorat.,Paris Ecole des mines, Thèse de doctorat.

Hilbert Richard A.(1990), "Ethnomethodology and the Micro—Macro Order", American Sociological Review, vol.55, p.794—808.

Latour Bruno(1988), Irreductions part Ⅱ of The Pasteurization of France, Cambridge Mass., Harvard University Press.

Latour Bruno(1988), "A Relativist Account of Einstein' s Relativity", Social Studies of Science, vol.18, p.3—44.

Latour Bruno et Emilie Hermant(1998), Paris ville invisible, Paris, La Découverte—Les Empêcheurs de penser en rond.

Law John et John Hassard, (Law John et John Hassard)(1999), Actor Network and After, Oxford, Blackwell.

Milet Jean(1970), Gabriel Tarde et la philosophie de l' histoire, Paris, Vrin.

Mucchielli Laurent(1998), La Découverte du social. Naissance de la sociologie en France, Paris, La Découverte.

Mucchielli Laurent(2000), "Tardomania? Réflexions sur les usages contemporains de Tarde", Revue d' histoire des sciences humaines, vol. (3), p.161—184.

Rogers Richard et Noortje Marres (1999), "Landscapping Climate Change: Mapping Science & technology Debates on World Wide Web", Public Understanding of Science,

Tarde Gabriel(1902), Psychologie économique, Paris, Félix Alcan.

Tarde Gabriel(1969), On Communication and Social Influence, Selected Papers. Edited by Terry N. Clark, Chicago, University of Chicago Press.

Tarde Gabriel(1999 réédition), Les lois sociales, Paris, Les empêcheurs de penser en rond.

Tarde Gabriel(1999 réédition), Monadologie et sociologie, Paris, Les empêcheurs de penser en rond.

Whitehead Alfred North(1920), Concept of Nature, Cambridge, Cambridge University Press.

Whitehead Alfred North(1929 1978), Process and Reality. An Essay in Cosmology, New York, Free Press.

# 소유의 역학*@
## 가브리엘 타르드의 사회학 입문

. . .

디디에 드베스

사회학은 형이상학을 필요로 하는가? 이 질문은 가브리엘 타르드 (1843-1904)의 저작에 스며들어 있으며, 그를 현대 사회학의 창시자 들, 특히 에밀 뒤르켐과 근본적으로 대립되게 한다. 타르드가 하려고 한 것, 그리고 그를 오늘날 두드러지게 현대적인 의미가 있게 만드는 것은 사회과학에 그것이 필요로 하는 형이상학을 준 것이었다. 내가 여기서 보여주려고 하는 것처럼, 그는 사회학에는 닫혀 있는 것처럼

---

* Didier Debaise, "The dynamics of possession: An introduction to the sociology of Gabriel Tarde", in 《Advances in consciousness research》, 2009, N.75, pp.221-230.

@ 이 주제에 대해서는 수리오E. Souriau가 《Different Modes of Existence》(University Presses of France, 1943:4-5)에서 사용한 "존재 다원론ontic pluralism , "실존 다원론existential pluralism", "존재 일원론ontic monism", "실존 일원론existential monism" 간의 매우 중요한 구분 을 보라.

보인 영역들(특히 물리 영역과 생물 영역)에 사회학이라는 장場을 열려고 시도하였다.

타르드의 형이상학 체계는 소유possession 개념을 중심으로 해서 조직되어 있다. 일찍이 1898년 《모나돌로지와 사회학》에서 타르드는 소유가 "보편적인 사실"이라고 말한다. 이것은 일차적인 존재 범주(점점 증가하는 복잡화 과정을 통해. 한층 더 복잡한 형태의 경험 전체를 이끌어낼 수 있는 범주)를 가리키지 않는다. 내 생각으로는, 반대로 그것은 소유 개념에 **최대한의 확대**를 주는 것을 의미한다. 그렇게 하면 물질의 존재형태, 생물의 존재형태, 인간의 존재형태를 특징짓는 공통된 선線을 따라갈 수 있는 동시에, 그 각각의 길의 특수성을 느낄 수 있게 된다. 권력, 지배, 강제의 과정에 관해서, 집단의 확립이나 조직 방식의 분석에 관해서, 사회의 개인적 또는 집합적 기초의 분석에 관해서, 사회학을 관통한 문제들을 타르드의 형이상학은 다른 차원의 문제들로 대체할 수 있게 해 줄 것이다: 주어진 상황에서, 소유는 일방적인가 대칭적인가? 소유는 확대되고 강화되는 경향이 있는가, 아니면 반대로 느슨해지고 무너지는 경향이 있는가? 소유는 어떤 방식으로 퍼지고, 그 지배력은 어디까지 미치는가?

## 1. 신모나돌로지

몽유병, 최면 시술, 모방 영향, 사회적 자기磁氣와 같은 '소유 현상'을 사회의 비물질적인 구성원리로 도입하면서, 타르드는 중대한 문제에 직면한다. 소유 개념은 그 본질을 다원적으로 결정하는 다수의 인류학적, 사회적, 종교적 함의로 둘러싸인 것 같다. 그 개념은 불가피하게 물질적인 것이든 정신적인 것이든 어떤 속성/소유물의 이용이라는 **적극적인** 의미를 가리키거나, 아니면 어떤 사물이나 개인이 다른 사물이나 개인에게 사로잡혀 있거나 매료되어 있다는 **소극적인** 의미를 가리키지 않는가? 그 개념은 자신의 존재 이전에, 그 매개자가 되는 다른 어떤 것(주체든 대상이든)을 전제하지 않는가? 소유란 본래 존재와 관련해서는, 그 역할이 무엇이든 간에 부차적이지 않은가?

내 생각에, 소유의 형이상학이 필요한 주된 이유는 다음과 같다. 소유의 형이상학은 첫째, 사회학적 탐구를 암묵적인 존재론에서 **빼낼** 수 있어야 한다. 이 존재론은 배경에 머물러 있을수록 더욱더 효과적이기 때문이다. 이 존재론에 따르면, 사회의 역학과 분명하게 동일시될 수 있는 매개자(사물, 개인 또는 집단)가 존재해야 한다. 둘째, 소유의 형이상학은 모든 존재 형태에 – 물리적인 존재형태뿐만 아니라 생물적 및 사회적 존재형태에도 – (반드시) 통용될 수 있는 소유에 대한 **최소한의 정의**를 구성할 수 있어야 한다.

타르드는 라이프니츠에게서 소유의 형이상학의 주요한 조건을 찾아낸다. 그는 《모나드론monadology》(1714년 출간)에서 고전적인 존재론(특히 "존재"와 "단순성"의 동일시)의 해체 움직임의 시작을 보는데, 이 시작은 아직도 분명하지 않고 생각도 하지 않는 형태로 있긴 하지만 오늘날의 과학에서 가장 명백한 확증을 찾아낼 것이다. 타르드는 다음과 같이 쓴다:"라이프니츠의 딸들인 모나드들은 태어난 이후 계속 전진하였다. 과학자 자신도 모르는 사이에, 모나드들은 여러 독립된 길을 통해 현대과학의 심장 속에 스며들고 있다"(1999a: 33).

따라서 철학과 과학 간의 새로운 동맹이 필요해질 것이다. 이 동맹은 "무한히 작은 것"에 대한 생각을 더욱 분명히 하려고 시도하는 동시에, 방대한 영역(전문화된 과학이 특정한 영역 안에서 활성화 시키면서 그것에 부여할 수 있는 것보다 더 방대한 영역) 안에서 그 생각을 펼쳐보려고 시도할 것이다. 왜냐하면 "화학만이 진보하면서 우리를 모나드로 향하게 하는 것 같지는 않다. 물리학, 자연과학, 역사학, 심지어는 수학도 마찬가지"(ibid.:34)이기 때문이다. 과학이 물려받는 것은, 존재 형태에 대한 탐구의 최종 항項으로 자처하는 모든 존재론의 이 해체 과정이다. 특정한 과학의 최종 항들조차 그 과학에 내재하는 임시적인 관점과 관련해서만 최종적일 뿐이다:"모든 과학이 도달하는 마지막 요소, 즉 사회의 개인, 생물의 세포, 화학의 원자는 그 각각의 과학에서 볼 때만 마지막 것이다"(p.22).

그러므로 문제는 이러한 분해가 어디까지 행해질 수 있는지를 아는 것이다. "제거를 거듭하다 보면, 우리는 어디에 도달하겠는가?" 타르드의 대답은 애매하지 않다: "무한소로까지 향하는 이 경향을 멈추게 할 수 있는 방법은 없다. 무한소는 확실히 예상치 못한 것으로 우주 전체의 열쇠가 된다"(p.24). 무한히 작은 것은 존재론이 그 기초로 삼은 유한한 것과 **질적으로** 다르다. 왜냐하면 그 무한히 작은 것을 구성하는 존재들은 점점 더 지각할 수 없을 정도로 무한으로 가면서 부분도, 경계도, 거리나 위치도 구분될 수 없는 하나의 연속된 묶음을 형성하기 때문이다.

따라서 우리는 더 이상 존재에 대해 말해야 할 이유가 없으며, 오히려 유한한 운동 안에서 **무한히 작은 작용**과 주목할 만한 행위에 대해 말해야 한다: "어쨌든 우리가 무한소라고 말하는 이 작은 존재들이야말로 진정한 동인動因일 것이며, 우리가 무한히 작다고 말하는 이 작은 변화야말로 진정한 행위일 것이다"(p.28). 모나드 개념이 타르드에게서는 순전히 **기능적인** 것이 된다. 연속적인 운동 안에서 어떤 변화나 차이를 만들어내기 때문이다. 변화 작용은 갈수록 '차이를 나타낸다.' 즉 그것은 **우주 전체**에 점점 반영된다. 비록 강도의 정도에 따라 다르긴 하지만 말이다. 이와 같이 해서 우리는 이 형이상학의 중심에 놓아야 하는 원리를 이해할 수 있다: "존재한다는 것은 차이가 난다는 것이다. 사실 차이란 어떤 의미에서는 사물의 실체적인 측면이다. 즉 사물들에는 가장 고유한 동시에 가장 공통된 것이다"(p.80).


## 2. 세계의 혼

차이화 작용이 모나드들에게 가장 고유한 동시에 가장 공통된 것이라고 주장하면서, 타르드는 모나드론의 또 하나의 요구, 즉 일원론 요구를 받아들인다. 너무 자주 일원론이 플라톤주의의 한 형태와 혼동되고 있으며, 다원론과 대립되고 있다.[i] 타르드가 똑같은 두 모나드는 없다고 주장할 때(그는 식별 불가능자의 동일성 원리를 받아들인다), 즉 현실은 "제각기 독특한 수많은 개체들"로 구성되어 있으며 "이들은 서로 자기 고유의 도장 자국을 남겼기 때문에 그 수많은 것 중에서도 알아볼 수 있고"(p.84), 이러한 것들조차 갈수록 **차이를 나타낸다**고 주장할 때, 그는 의심할 바 없이 일종의 다원론의 계승자다. 이는 라이프니츠가 다음과 같이 주장할 때 라이프니츠 자신이 그러한 것과 같다: "자연에는 완전히 똑같은 두 개의 존재, 즉 어떤 내적인 차이나 적어도 어떤 내적인 성질에 근거한 차이를 찾을 수 없는 두 개의 존재는 결코 없다"(1714/1989; 9절). 차이는 모나드의 형태나 개성의 문제가 아니다(이러한 것들은 그 모나드를 다른 것들과의 비교, 따라서 구분을 허용할 것이다). 차이는 그 특징적인 운동(또는 강한 욕망)의 문제다. 일원론이 그 모든 의미를 얻는 곳이 여기다. 우리는 일원론을 다음과 같은 방식으로 정의해 볼 수 있다: 역학 원리는 각각의 모나드의 존재에 유효하지

---

i 바디우A. Badiou가 《Deleuze: The Clamor of Being》(1999)에서 들뢰즈 철학에 제시한 이러한 해석, 즉 들뢰즈가 주장한 일의성—義性이 존재의 기초가 되는 통일성의 한 형태를 가리킨다는 해석은 착각에 근거한 것 같다. 사실, 그것은 존재론적 일원론이 일종의 존재 다원론의 필요조건(그 기반이 아니라)이 된다는 이 단자론 전통에 대한 무시를 의미한다. 이것은 완전히 일원론적 요구(이에 따르면 실제 속에서 작용하는 역학 원리는 모든 존재 형태에 통용된다)와 식별불가능자의 동일성 원리(여기서는 이것이 문제된다)를 동시에 주장하려고 하는 개별화에의 새로운 접근 방식의 문제다.

만, 그 원리가 특정한 모나드의 내부와 관련되는 방식은 그 모나드의 특성에 속한다. 따라서 원리들의 동질성과 존재방식의 복수성이 있다. 타르드(1999a:33)가 말하는 것처럼, 모나드들은 "요소들의 비연속성과 그 요소들의 존재의 동질성"을 전제로 한다.

타르드가 20세기에 존재의 다원론을 일종의 존재론적 일원론이나 존재의 일의성—義性과 연결시키려고 시도한 유일한 사람은 아니다. 현대적인 모나드론을 자기 나름대로 정의하는 철학자들에게서도 비슷한 경향을 찾아볼 수 있다. 화이트헤드A. N. Whitehead, 수리오 E. Souriau, 시몽동G. Simondon, 들뢰즈G. Deleuze 같은 사람들이 그러하다.[ii] 이들 각자는, 존재의 개별화에서 작용하는 역학 원리가 모두에게 똑같지만 상이한 방식으로 현실화된다는 라이프니츠의 사상을 받아들인다. 따라서 예를 들면《과정과 실재》에서 현실적인 실체들(이것들은 모나드에 해당된다)을 정의할 때, 화이트헤드는 다음과 같이 쓴다:

"그것들은 서로 다르다: 신은 현실적인 실체다. 그리고 텅 빈 공간의 깊은 곳에서 한 번 휙 지나가는 가장 무의미한 존재도 역시 현실적인 실체다. 그러나 그것들 사이에 위계가 있고 기능의 다양성이 있다

---

ii 타르드의 범심론汎心論panpsychism은 베르그송의 정신주의spiritualism과 무관하지 않다. 이 주제에 대해서는 몽트벨로P. Montebello의 뛰어난 저작《The Metaphysical Other: Essays on Nature Philosophy: Ravaisson, Tarde, Nietzsche and Bergson》(Paris, Desclée de Brouwer,2003)을 보라.

하더라도, 그것들의 현실화를 나타내는 원리에서는 그 모든 것이 똑같은 수준에 있다"(1929/1978:18).

이 구분에 관해서, 일원론은 타르드(1999a:44)에 따르면 세 가지 상이한 방식으로 이해될 수 있다: ⑴ 우리는 "운동과 의식, 예를 들어 한 세포의 진동과 이에 해당되는 정신상태를 똑같은 사실의 두 측면으로" 간주할 수 있다. "이때 우리는 고대 야누스에 대한 기억으로 인해 스스로 착각한다." ⑵ 일원론은 보다 근본적인 실재가 물질과 정신의 "공통된 원천"이라는 것을 뜻한다. 그렇지만 이때는 "이원론 대신에 삼위일체설밖에" 얻지 못한다. 마지막으로 ⑶ (그리고 이것은 타르드가 전념하는 입장이다) "물질은 정신에 속하며 그 이상의 것이 아니다"라고 말한다. 이 정신 일원론은 예를 들어 물질이 표상에 지나지 않는다고 주장하곤 하는 일종의 주관적 관념론과 어떤 점에서 구분되는가? 타르드는 물질이 정신의 산물이라고 주장하지 않는다. 그는 물질은 이미 말하자면 **안에서부터** 정신이라고 주장한다. 타르드에 따르면, 모나드론은 "우주를 분해한 다음에는 마침내 그 가루를 반드시 정신화하게 된다"(p.53). 앞에서 기술한 바 있는 분해 과정은 우주를 구성하는 이 활동 중심점들 또는 주목할 만한 점들을 "정신화"하는 것 외에 다른 가능성을 남겨놓지 않는다. 이와 같이 타르드는 당연히 우주가 표상이라고 말하지 않고, 우주는 "나의 것과는 다른 혼들, 그러나 근본적으로는 나의 것과 비슷한 혼들로 구성되어 있다"(p.35)고 말한다. 따라서 이 보편적 의심론疑心論, psychomorphisme universel은 물질의 부정이 아니다. 물질은 혼의 여러 작용 중 하나의 결과가 되기 때문이다.[iii] 이 보편적 의심론은 결국 역학의 원리가 물질을 본 딴 것이며 물질에서 유래한다고 주장하는 모든 종류의 유물론과 대립한다. [보편적 유심론에서는—옮긴이] 물질이 서로에 대해 행하는 다수의 정신작용 안에서의 어떤 결과, 단계, 심지어는 재집결 방식으로 나타난다.

타르드가 이 요소들을 소유이론에서 일관성있게 제시하지는 않지만, 그럼에도 불구하고 우리는 이 소유의 형이상학을 위해서 세 개의 근본적인 원리를 드러낼 수 있다: (1) 분해과정은 소유를 그것이 종속되어 있는 그 이전의 모든 현실에서, 말하자면 그 모든 최초의 존재론에서 벗어날 수 있게 해준다. 소유 작용을 넘어서면 아무 것도 없다. 우리는 "순수한 무無"만을 보게 된다. (2) 이 소유 작용은 모든 존재에게 적용되는 개별화 원리다.[iv] 그것은 **모든 존재**가 가장 공통적으로 지닌 것(보편적인 사실)인 동시에 그것들의 차이를 정의하는 것(소유 방식)이기도 하다는 사실을 의미한다. (3) 소유 작용은 주체가 어떤 대상을 '취득하는' 행위와 혼동되어서는 안 된다. 그렇게 되면 소유의 역학이 단순한 권력 관계로 환원될 것이다. 그 대신, 작용은 본질적으로

---

iii 다음을 보라, M. Combes, 《Simondon: Individual and Collective》(Paris, University Presses of France, 1999).

iv 모나드의 "이해관계가 얽힌" "탐욕스러운"활동이라는 이 관념은 화이트헤드가 주창하는 정의에 가깝다: "일반적인 이익에 기여하든 안 하든, 생명은 도둑질이다"(1929/1978:190-191).

비물질적이고 귀납적이며, "영향", "공감", "모방", "인력", "자기磁氣"와 같은 개념들이 그것을 말해준다.


## 3. 소유의 힘

이러한 원리들을 드러낸 이상, 우리는 이제 질문을 심화시켜 다음과 같이 물을 수 있다: 소유 작용이란 무엇인가? 타르드의 일원론은 우리에게 유일하게 "존재하는" 실재, 즉 혼의 수준에서 질문하도록 한다. 소유하고 소유되는 것은 혼이다. 사회의 기원에서 이 소유의 역학을 형성하는 것은 혼이다. 타르드의 범심론汎心論panpsychism을 일종의 정신적 또는 종교적 실체론의 부활로 해석한다면, 우리는 그것을 오해할 것이다. "혼soul"이라는 말은 그에게는 전적으로 기술적인 technical 의미를 갖고 있다. 내가 여기서 주고 싶은 해석에 따르면, 그것은 두 개의 소유의 힘 즉 **믿음**과 **욕망** 간의 교차점을 정한다.

매우 일찍부터 타르드는 이 두 "혼의 힘"에 관심이 있었다. 그는 그것들을 모든 사회적 및 심리적 현상의 원천이라고 보았다. 이미 첫 번째 철학 논문《믿음과 욕망La croyance et le désir》(1880:다음에서 인용. Tarde 1900)에서 그는 다음과 같이 쓴다: "내적인 현상이 무엇이든 간에 그 현상의 밑바탕에서는, 분석을 끝까지 밀고 나갈 경우 더 이상 환원될 수 없는 세 개의 항(즉 믿음. 욕망, 그리고 이것들의 응용점인 순수한 감각) 이상을 결코 찾아내지 못할 것이다"(1900:290). 그리고 그는 다음과 같

이 부언한다: "처음의 두 항은 주체의 타고난 구성하는 형식이거나 힘이다." 그것들은 모든 능력 – 기억, 지각, 상상력 – 의 본래적인 힘이다. 이것들의 조합과 관계를 통해, 믿음과 욕망은 주체의 복잡한 경험 형태를 만들어낸다. 믿음과 욕망은 어떤 주체라도 그 주체를 구성하는 것에 머물지 않는다. 그것들은 다른 주체들과의 관계에서 밖으로 펼쳐지고, 점점 복잡하게 얽히면서 사회의 "접합제$_{cement}$"가 된다:

"욕망과 믿음이 힘이라는 것을 우리는 부정할 수 있는가? 이것들의 상호조합으로 열정과 의도가 역사의 소용돌이의 영원한 바람, 정치라는 물레방아를 돌리는 폭포라는 것이 보이지 않는가?"(1999a:50)

그러나 이 믿음과 욕망의 관계는 우선 타르드의 초기 저작에서는 심리사회적 수준에서 제시되었기 때문에 소유 형태의 패러다임이 될 수 없다. 소유 형태는 완전히 다른 차원의 믿음과 욕망의 관계를 전제한다. 더 정확히 말하면, 이 소유 형태는 보다 더 구성적인 미시적 또는 무한소적 관계를 전제한다. 그것은 종종 이 관계의 눈에 띄는 표출에 불과하기 때문이다. 자신의 논문《믿음과 욕망》에서는 타르드가 소유 형태를 "거시적인"단계에 놓았다. 왜냐하면 그의 연구는 주체의 능력과 구성에 관한 것이었기 때문이다. 그러나 모나드론으로의 이행은 – 이것은 주체의 출현과 사회 현상을 기술적으로 분석하는 데 필요할 것이다 – 그에게 믿음과 욕망의 개념을 변화시키지 않을 수 없게 한다. 그가《모나돌로지와 사회학》부터 내내 관심을 두는 것 그리고 우리와 관계있는 것은 믿음과 욕망 간의 **최소한의 미시적인**

연관 작용에 대한 탐구다. 들뢰즈와 가타리가 타르드에 대해 쓴 것처럼, 차이는

"결코 사회적인 것과 개인적인 것(또는 간間개인적인 것inter-individuel) 사이에 있지 않다. 차이는 집합적인 것이든 개인적인 것이든 표상의 전체적인 영역과 분자 영역 사이에 있다 ⋯ 이 분자 영역에서는 사회적인 것과 개인적인 것의 구분이 모든 의미를 잃어버린다"(1980:267).

이 최소한의 지점이 타르드가 혼이라고 부르는 것이다. 혼이 있는 곳이면 어디에나 욕망과 믿음 간의 연관이 있다고 우리는 말할 수 있다. 역으로, 욕망과 믿음이 만나는 모든 지점이 혼, 즉 미시 변화ₐmicro-variation다. 그의 연구가 주체의 구성 방식에만 관심이 있었을 때는, 타르드가 당연하게도 흄Hume의 경험론과 페히너Fechner의 정신물리학에서 영감을 얻었다. 그렇지만 또 다시 라이프니츠에게서 우리는 믿음과 욕망이 유래하는 기술적인technical 용어들을 찾아야 한다.

우리는 혼에 대한 타르드의 정의와 라이프니츠의 정의 간의 유사에 깊은 인상을 받을 수밖에 없다. 실제로 라이프니츠는《모나드론》(19절)에서 다음과 같이 쓰고 있다: "만일 우리가 내가 설명한 일반적인 의미에서 지각과 욕망(욕구)을 지닌 모든 것에 혼이라는 이름을 주고 싶다면, 모든 단순한 실체나 창조된 모나드는 혼이라고 불릴 수 있을 것이다 ⋯ " 라이프니츠에게서는 혼이 본질적으로 지각과 욕구의 관계로 정의된다. 이것이 혼이 의식뿐만 아니라 모든 영역에 적용될 수 있는 이유다. 게다가 라이프니츠의 이 개념들은 타르드의 "믿음"

및 "욕망"과 밀접하게 상응한다.

첫 번째 용어로 시작해 보자. 라이프니츠에게서 지각이란 무엇인가? 그것은 "단일성이나 단순한 실체 안에서 다수성을 포함하고 그 것을 표현하는 일시적인 상태다[…]"(ibid.:14절). 지각한다는 것은 다수의 다른 모나드를 '감싸는enfold'것이다. 여기서 '감싸다'라는 용어의 선택은 타르드가 그것을 받아들일 정도로 아주 중요하다. 그것은 모나드가 다수성을 포함할 뿐이라는 사실, 즉 모나드가 어떤 주어진 시각 안에서 다른 모나드들을 서로 연결시키는 것에 만족한다는 사실을 잘 보여준다. 그러나 각각의 모나드는 자신의 독특한 존재를 유지한다. 그 각각의 모나드는 자기 나름의 이유에 따라 움직이며 그 자신의 목적을 노리기 때문이다. 이 아주 특별한 의미에서, 타르드에게서의 믿음 개념은 지각이다. 믿음은 그것이 포함하는 실재들, 즉 그 소유물들 간의 (모나드 안에서 이루어지는) 연결이다. 이런 의미에서의 믿음은 어떤 내용과 동일시될 수 없다. 그것은 모나드에 내재하며 또 특정한 순간에 모나드를 구성하는 다수성에 내재한 **연결시키는 힘**일 뿐이다.

그 다음, 두 번째 용어인 욕구는 라이프니츠에게서 무엇인가? 그것은 "변화를 일으키거나 어떤 지각에서 다른 지각으로의 이행을 일으키는 내부 원리의 활동이다 …"(15절). 따라서 욕구의 대상은 지각, 아마도 여전히 잠재적인 지각일 것이다. 그럼에도 불구하고 이 지각은 그 모나드 안에서 압박을 가하는 한 실제적이다. 모나드가 없다면 지각은 당연히 존재하지 않을 것이다. 지각은 의미 없는 하나의 추상에 불과할 것이다. 욕구는 일반적이지 않다. 욕구는, 모든 존재에 통용되며 이로 인해서 우주의 획일적인 경향을 정하는 공통된 목적을 결정하지 않는다. 그러나 그것은 이런저런 강도 변화의 목적을 갖고 그러한 지각 안에 위치한다. 모든 일은 마치 각각의 지각이 상위의 차원(즉 그 지각에 내재하지만 이 지각을 자신을 넘어서 새로운 지각으로 이끄는 목표)에 의해 방해받는 것처럼 일어난다. 물론 이 "욕구는 얻고자 애쓰는 지각 전체에 언제나 완전하게 도달하는 것은 아니다. 그렇지만 그것은 항상 부분적으로는 성취된다 … "(ibid.).

　　욕망은 ― 따라서 이것은 욕구appetition에 해당된다 ― 다른 것들을 자기 것으로 삼으려는 모나드의 소유 작용이다: "모나드 간의, 요소 간의 소유 행위가 진실로 유일하게 결실을 맺는 관계다"(Tarde 1999a:91). 타르드에게는 모나드가 이런 대가를 치러서만 존재한다. 이 소유 작용은 그 존재와 뒤섞인다. 따라서 우리는 모나드가 다른 것들을 자기 것으로 삼는 이러한 성향의 이유가 무엇인지 묻지 않을 것이다. 왜냐하면 이것은 타르드가 궁극적인 것으로 설정한 목적을 넘어선 그런 목적이 있을 수 있다는 것을 전제하기 때문이다(p.89): "모든 존재가 바라는 것은 자신을 외부 존재에 어울리게 하는 것이 아니라, 그 외부 존재를 자기에게 어울리게 하는 것이다." '욕망'은 다른 모나드들을 최대한 포함하기 위해 수많은 수단을 사용해 사로잡고 일시적인 동맹을 유지하거나 유혹하는 이 확대에의 경향을 표현한다.[v] 모나드의 확대 범위는 결코 내부가 아니다. 그 범위는, 이미 존재하는 다른 모나드들이 그 모나드에 가하는 저항, 경계, 이동에서 나온다. 다른 모나드들도 마찬가지로 그들의 지배를 확대하기에 바쁘기 때문이다. 그것들은 서로 사로잡는 것만큼이나 서로 제한한다.

따라서 각각의 모나드는 전쟁, 정복, 배신, 평화화의 미시적인 연극을 펼친다 – 이 드라마는 무한으로 확대된다. 타르드와 라이프니츠 사이에 근본적인 구분이 뚜렷하게 드러나는 것은 이러한 관점에서다. 우리는 타르드의 형이상학에 생명력을 불어넣는 이 호전적인 탐욕 개념을 라이프니츠에게서는 찾지 못할 것이다. 라이프니츠의 모나드들은 우주를 미리 전제로 삼는 표현의 중심이다. 또는 들뢰즈가 쓴 것처럼 (1968:68), "각각의 모나드의 공통된 표현으로서의 세계가 그 표현들보다 먼저 존재한다." 물론 우주는 "그 우주를 표현하는 것 바깥에서는, 즉 모나드들 자신 바깥에서는 존재하지 않는다. 그러나 그 표현들은 표현되고 있는 세계를 다시 그 모나드들의 구성의 필요조건이라고 부른다." 라이프니츠는 모나드들의 모든 영향력을 거부하면서, "그 각각의 모나드를 다른 모나드들의 우주 전체가 축소된 형태로 또 특별한 관점에서 그려지는 어두운 방으로 만들었다"(Tarde 1999a:56). 따

---

v 실체적 연결고리 이론에 관해서는 다음을 보라. M. Blondel, 《A Historic Enigma: The 'vinculum substantiale' and the Preliminary Sketch of a Superior Realism》(Paris, Gabriel Beachesne, 1930); A. Boehm, 《Leibnitz's 'vinculum substantiale'》(Paris, Vrin, 1938); 그리고 C. Fremont, 《Being and Relation》(Paris, Vrin, 1981).

라서 라이프니츠가 모나드들 간의 커뮤니케이션 문제로 돌아가 결국에는 실체적 연결고리vinculum substantiale – 모나드들을 서로 연결시킨 '실체적 연결고리' – 개념을 채택한 것은 놀라운 일이 아니다.

반대로 타르드에게는 우주가 무수한 갈등을 대가로 해서만 존재하는데, 이 갈등의 한복판에서 모나드들은 "최고도의 소유를 갈망하며, 그 결과로서 그것들의 점진적인 집중이 생겨난다"(p.93). 모나드들은 서로를 구성하며, 만남을 통해 서로 영향을 주고 서로를 변형시킨다. 존재의 개별화는 우주에서 그 표현(모나드들)으로 나가지 않고, 소유 작용에서 점진적인 집중으로 나가며 이렇게 해서 더욱더 복잡한 형태의 우주를 낳는다.

타르드의 이 두 힘, 즉 믿음과 욕망은 가장 작고 가장 기초적인 것뿐만 아니라 가장 크고 가장 무거운 것도 분명하게 표현한다. 믿음과 욕망은 다르지만 서로 의존하는 소유 도식을 명백히 보여준다. 이 소유 도식은 두 개의 운동, 즉 **수축**contraction과 **확대**expansion로 특징지울 수 있다. 모나드는 다른 것들을 지배하려는 목적으로 그 다른 것들을 통합하며 확대하는 동시에, 자신의 존재를 즐기며 수축한다. 각각의 욕망에는 새로운 믿음이 대응하며 각각의 믿음은 더 큰 강도를 획득하려는 경향이 있다. 그리고 이 더 큰 강도는 모나드로 하여금 자신을 넘어서게 한다. 모나드의 특수성은 이러한 운동 속에 놓여 있을 것이다. 이 운동을 통해 모나드는 실제적이며 잠재적인 소유 전체에서부터 그 자신을 경험하기 때문이다.

## 4. 사회의 기원과 존재방식

우리는 이제 처음 질문으로 돌아갈 수 있다: 모나드론의 도입과 소유 관계가 어떻게 해서 타르드로 하여금 인류학적 제한이 없는 동시에 모든 종류의 결합(물질의 결합이든 생물의 결합이든 기술의 결합이든 또는 인간의 결합이든 상관없이)에 확대 적용되는 사회 개념을 재구성할 수 있게 하는가? 나는 모나드들이 그것들의 상호적인 욕망과 믿음을 통해 점진적인 집중을 형성한다고 말하였는데, 이때 이 점진적인 집중은 우리가 집합적인 소유 역학과 연결시킬 수 있는 소속 수준을 결정하였다. 모나드들은 다른 것들을 몹시 소유하고 싶어 하는 소유 작용의 다발에 지나지 않기 때문에, 이번에는 그 모나드들 자신이 소유 대상이다. 따라서 소유의 상호성 때문에 모나드들은 단순한 결합체를 사회로 변화시킨다. 그것들은 능동적인 동시에 수동적이다. 즉 소유하면서 자신을 적응시키는 힘이다. 사회의 출현은 이런 대가를 치른다. 사회의 출현은 — 모나드들이 서로 반발하고 대립할 때도 — 그 집합적 존재가 생겨나는 데 관여한 모든 모나드의 적극적인 협력을 전제로 한다. 하지만 이 집합적 존재란 단지 그 모나드들의 굴레일 따름이다.

"사회란 무엇인가?"라는 질문에 대해 타르드의 대답은 대단히 단순하다: 사회란 "각자가 대단히 다양한 형태로 다른 모든 사람을 상호적으로 소유하는 것이다" (p.101). 이것을 통해서 사회 개념은 타르드에게 "모든 사물은 사회이며 모든 현상은 사회적 사실이다" (p.58)

라고 말할 수 있게 해주는 새로운 확대를 얻는다. 자력으로 움직일 수 없는 물질에서 사회조직에 이르기까지, 똑같은 논리가 다양한 차원에서, 따라서 새로운 경계 안에서(즉 상호적인 소유의 새로운 관계 안에서) 펼쳐지는 것을 우리는 보게 된다:

"왜냐하면 사회의 가장 단순한 기능, 가장 진부한 기능, 수세기 전부터 전혀 변함이 없는 기능의 수행이라 하더라도, 예를 들면 어떤 행렬이나 군대의 약간 규칙적인 전체 움직임은 — 우리가 아는 것처럼 — 거의 헛되게 소비된 수많은 사전연습, 수많은 말, 수많은 정신적 노력을 요구하기 때문이다. 따라서 수천이 아니라 수십 억의 다양한 행위자에 의해 동시적으로 수행된 생물 기능의 저 복잡한 조종을 일으키기 위해서는, 정신에너지나 유사 정신에너지가 넘쳐흐를 정도로 퍼져나가는 것이 필요하지 않겠는가! 그리고 그 행위자들 모두는 본질적으로 이기주의적이며 또한 그들 모두가 거대한 제국의 시민들처럼 서로 다르다고 생각할 만하지 않겠는가!" (pp.47-48)

이러한 것들은 욕망하는 탐욕스런 존재들이 그들의 만남을 통해 또 수렴, 대립이나 동맹을 거쳐 만들어내는 다양한 작용이다. 그리고 이 수렴, 대립이나 동맹의 관계는 그들을 될 수 있는 한 공통된 역사 속에 있게 할 것이다. 모나드들 간의 유사란 이 문제에서는 그것들이 똑같은 "집중"에 속해 있다는 사실을 가장 빈약하게 나타내주는 형태다. 그것들은 오히려 그 목적과 경향의 불일치 때문에 서로 결합하고 소통한다.

상호적인 소유는 공간적이지만은 않다. 그것은 또한 동시에 시간적이기도 하다. 아쉽게도 타르드는 이 시간적인 측면을 길게 설명하지 않았다. 이 시간적인 측면이 잠재적으로는 발전 가능성이 아주 많은 것 같은데 말이다. 그러나 내가 모나드들의 상호적인 관계에서 그것들의 존재 방식에 대해 기술한 것의 실마리를 잇는다면, 그 시간적인 관계를 다시 그릴 수 있다. 이것이 정당화될 수 있는 이유는 특히 타르드가 **모방** 개념을 사용해 그 모나드들의 현재 관계를 그들의 과거와 직접 교신하게 하는 것 같기 때문이다. "사실 그 말의 가장 넓은 의미에서는 동국인이나 조상에 대한 모방만이 진정으로 사회적인 것이다"(p.93). 따라서 역학은 과거에도 그대로 적용된다. 과거는 소유의 주체인 동시에 대상이다. 과거는 모나드들에 생기를 주는 갈등 속에 밀고 들어가는 것이면서, 현재의 역학에 따라 끊임없이 변화되는 것이다. 이렇게 해서 우리는 또다시 비슷한 형태로 모나드들과 과거의 관계에서, 앞에서 기술한 바 있는 전쟁, 동맹, 동원의 미시적인 연극을 보게 된다. 다른 모나드에 의한 어떤 현존하는 모나드의 소유는 모두 그 중요성의 정도에 따라 과거 전체 안에 울려 퍼진다. 이 중요성의 정도는 (직접적으로 과거의 사건 자체가 아니라 그 중요성과 의미에 대한) 가장 단순한 무관심에서 그 완전한 변화에 이르기까지 가지각색이다. 한 마디로 말해서, 모나드들의 욕망과 믿음은 자신들의 지배력을 직접 두 방향으로(수평적으로 또 수직적으로) 연장하려는 경향이 있다. 이 것들의 투쟁은 상당히 겹치는 동시적인 두 전선에서 행해진다.

이러한 사회 정의 — 소유의 상호작용 — 는 모나드 간의 최소한의 관계만을 고려하는 만큼 약간은 형이상학적 허구다. 그러나 이 허구는 우리가 사회에 대해 말할 때 최소한의 필요조건으로 정당화된다. 우리가 아는 바와 같은 사회 — 바위, 유기체의 세포, 개인의 몸, 정치 제도나 종교 제도 — 는 다수의 다른 사회와 교차하는 **뒤얽혀 있는 사회**entangled societies다. 우리가 아는 관계는 모나드 관계로 기술되는 관계가 아니라, 모나드들을 포함하면서 다른 집중과 만나는 복잡한 배치들 사이에 확립되는 관계다. 달리 말하면, 다른 사회와 연결된 사회들 간의 관계다.

그렇다면 우리는 어떻게 해서 개별적인 소유에서 (세포, 행진, 부대라는) 무수히 많은 "여러 행위자들"의 저 대규모 집단으로 나갈 수 있는가? 타르드는 진정한 실질적 존재를 형성하는 점진적인 변화로 그것을 설명한다:

"자연의 요소들 사이에서 조화를 이루는 깊고 친밀한 **관계**는 모두 새로운 상위 요소의 **창조자**가 된다. 그리고 이번에는 이 새로운 요소가 다시 더 높은 또 다른 요소의 창조에 협력한다. 원자에서 자아에 이르기까지 현상이 복잡해져 가는 과정에는 각각의 단계가 있다. 즉 분자는 점점 더 복잡해져 세포가 되거나 아니면 헤켈이 주장하는 색소체가 되고, 그 다음에는 기관이 되고 마침내는 유기체가 된다. 이때 사람들은 그때마다 새로 생겨나는 존재들을 새로 생겨나는 단위로 계산한다 … "(p.72).

라이프니츠와는 반대로, 상호적인 소유는 미리 정해지지 않고 돌연히 나타나는 "조화"를 만들어낸다. 그러한 만큼, 모든 존재는 더 높은 수준에서 욕망과 믿음의 새로운 관계에 들어간다. 이 수준은 어떤 목적(그 일부를 이루는 실재들이 지향하는 목적)으로 귀착되지 않으며 또 그 구성요소들로도 귀착되지 않는다. 그 수준의 존재는 문자 그대로 다른 사회들과의 새로운 상호작용을 통해 환경(즉 그 수준을 낮은 모나드들이 연결되는 환경)을 형성하는 것으로 특징지어진다. 기술적인 대상들은 이 과정을 분명하게 드러낸다: "철의 발명, 증기기관의 발명, 피스톤의 발명, 레일의 발명 등 수많은 발명은 서로 무관한 것처럼 보였지만 결합되어 증기기관차의 발명을 낳았다"(Tarde 1999b:p.122). 질베르 시몽동의 표현을 받아들이면, 우리는 이것을 "구체화 과정"이라고 부를 수 있을 것이다. 이 과정을 통해 증기기관차는 그 자신 속에서 증기기관, 피스톤, 철을 유지하는 새로운 조화가 된다.[vi] 그 다음에는 증기기관차가 이번에는 레일, 조종 체계, 화물 운송, 승객과의 새로운 관계에 들어간다. 이 모든 것들이 특정한 길을 따라 자신들의 새로운 존재 환경을 형성하기 때문이다. 우리는 모나드들에 활기를 주는 것과 똑같은 힘을 사회 수준에서 보게 된다: 사회는 "믿음"(공고화)과 "욕망"(운동의 확대)으로 충만해 있어, "작

---

vi 다음을 참조하라. G. Simondon, 《Mode of Existence of Technical Objects》(Paris, Auber-Montaigne, 1969).

은 내적인 조화들이 외면화되고 점점 증대하는 끊임없는 경향"을 나타낸다(Tarde 1999b:p,107).

모나드의 형이상학은 여기서 일종의 급진적인 경험론, 즉 사회의 출현과 공고화가 상호작용을 통해서 자연의 다수성과 질서를 형성하며 이것이 우리의 직접적인 경험을 구성한다는 경험론에 다시 합류한다. 타르드의 사회학적 모나드론은 우리에게 경험에 대한 새로운 조사와 연구 프로그램을 열어주기 때문에, 지각하기 힘든 측면들 (미시적인 욕망이나 미시적인 믿음과 조직화된 대규모 형태의 사회적 존재의 관계)을 연결시켜 준다. 이 프로그램 전체는 – 나는 이것을 사변적 경험론speculative empiricism 또는 형이상학적 경험론metaphysical empiricism이라고 부를 것을 제안한다[vii] – 아직도 완전하게 구성되지 않은 상태에 있다. 그러나 타르드는 이 프로그램에 최초의 자극을 주었으며, 그 프로그램은 오늘날에도 여전히 타당하다.

**참고 문헌**(각주에 나오는 문헌은 제외)

A. N. Whitehead, 《Procès et réalité. Essai de cosmologie》, Paris, Gallimard, 1995.

G. Deleuze et F. Guattari, 《Mille Plateaux. Capitalisme et schizophrénie》,

---

[vii] 독자는 나의 책《A Speculative Empiricism》(Paris, Vrin, 2006)을 참조하기 바란다.

Paris, Edition de Minuit, 1980.

G. W Leibniz, 《La monadologie》, Paris, Le livre de poche, 1991.

G. Tarde, 《Essai et mélanges sociologiques》, Paris, G. Masson, 1900.

G. Tarde, 《Monadlolgie et sociologie》, Paris, Les empêcheurs de penser en rond, 1999a.

G. Tarde, 《Les lois sociales》, Paris, Les empêcheurs de penser en rond, 1999b.

# 모나돌로지에서 신모나돌로지로

...

·

"괴상하다고 여길 위험이 있지만 지나친 생각을 해보자. 특히 이러한 문제에서는 조롱당할까 두려워하는 것이 가장 반反철학적인 감정이 될 것이다"

가브리엘 타르드

"20세기에는 완전한 패배를 당할 수밖에 없었고 어떤 의의도 없었지만, 21세기에는 어떠한 것도 타르드가 그 모든 영향력을 펼치는 것을 막지 못할 것이다"

브뤼노 라투르

## 1. 라이프니츠의 모나돌로지

근대 이후 특히 물리학이 급속하게 발전하면서, 자연법칙이 지배하는 물리학과 자유의지에 기반을 둔 윤리학을 조화시키고 아울러 그 두 학문을 형이상학적으로 정당화하는 일이 철학자들에게는 중요한 과제였다.

데카르트(1596-1650)는 정신과 물질이 각각 독립되어 있으며 서로 영향을 미치지 않는다는 이원론적 실체론을 주장하였다. 그는 정신과 물질이 각기 다른 세계를 형성하기 때문에, 자연필연성과 자유의지가 모순되지 않는다고 생각했다. 하지만 그는 정신과 육체의 결합체인 인간에게서 정신과 육체의 관계를 설명할 때 어려움에 부딪혔다. 그의 실체론에 따르면 정신과 물질은 서로 분리된 세계로 상호작용할 수 없는데, 인간에게서는 정신과 육체가 상호작용하는 것 같기 때문이다. 따라서 데카르트는 인간에 한해 예외를 인정하며 이 문제를 해결하려고 하였다. 즉 인간에게서만은 정신과 육체가 상호작용한다고 주장하였다. 하지만 이 같은 주장은 그 자신의 실체론과 모순되는 결과를 낳았다.

한편 스피노자(1632-1677)는 존재하는 모든 것은 신(자연) 안에 있으며, 그 어떤 것도 신 없이는 존재할 수도 파악할 수도 없다고 생각하였다. 그에 따르면, 신 즉 자연만이 유일한 실체며 정신과 물질은 자연이라는 유일한 실체의 서로 다른 양태일 뿐이다. 그러나 정신을 자연에 귀속시키는 이러한 실체론은 인간의 자유의지를 부정함으로써 도덕의 문제를 설명할 때 어려움을 겪는다. 정신의 자유의지가 없다면 인간은 스스로 도덕 명령을 내릴 수 없고, 게다가 인간에게 도덕적인 책임을 지울 수도 없기 때문이다.

라이프니츠(1646-1716)는 데카르트와 스피노자의 실체론을 비판적으로 수용하면서 새로운 실체 개념을 제시한다. 그는 복합체(부분을 가진 것)는 모든 존재의 기본으로서의 실체일 수 없고, 연장(크기, 넓이, 부피)을 갖지 않아 더 이상 분할할 수 없는 단순체(통일체)가 실체라고 주장한다. 그리고 그는 더 이상 다른 부분들로 분해될 수 없는 이 단순 실체를 모나드monad라고 부른다(모나드는 하나 또는 단위를 뜻하는 그리스어 monas에서 나온 말이다).

모나드는 더 이상 나눌 수 없기 때문에 물리적인 사물일 수 없다. 그것은 자연적인 방법으로는 만들어질 수도 없고 파괴될 수도 없는 비물질적인 존재, 즉 '형이상학적인 점'이다. 모나드는 오로지 신의 창조로만 생성되고 신의 파괴로만 소멸된다. 우주는 이러한 모나드들로 가득 차있다. 우주를 구성하는 모나드들은 무수히 많으며, 그것들은 어느 것도 서로 똑같지 않다. 또한 모나드는 다른 모나드와 영향을 주고받지 않기 때문에, 서로 간에 인과관계가 없다. 요컨대 모나드는 창窓이 없다.

그럼에도 불구하고 이 우주에 질서가 있는 이유는 신이 미리 모든 단자의 본성이 서로 조화를 이루게끔 우주를 창조하였기 때문이다.

즉 신이 미리 정해 놓은 질서에 따라, 우주 안의 모든 모나드들은 상호작용하지 않으면서도 서로 조화를 이루며 배열되어 있다. 이것이 라이프니츠의 예정조화설이다.

## 2. 가브리엘 타르드의 신모나돌로지

타르드는 1893년 《국제 사회학 잡지》에 〈모나드와 사회과학Les monades et la science sociale〉이라는 제목의 논문을 발표하였다. 그리고 그는 이 논문을 수정해 〈모나돌로지와 사회학Monadologie et sociologie〉이라는 새로운 제목을 붙여 2년 후 《사회학 논문집Essais et mélanges sociologiques》(1895)에 재수록하였다.

〈모나돌로지와 사회학〉은 "사회학자들의 가장 철학적인 텍스트들 중에서도 가장 형이상학적"[i]이라는 평이 있을 정도로 지극히 형이상학적인 글이다. 프랑스 지식인 사회에 범죄학자와 사회학자로서 발을 들여놓은 타르드는 왜 그 같은 논문을 썼을까? 아마도 그는 철학과 과학 사이에 엄격한 경계를 세우는 것이 쓸데없는 짓이라는 것을 보여주고 싶어했기 때문일 것이다. 타르드는 과학이 철학에서 벗어나야 한다고는 생각하지 않았다. 오히려 그 반대였다: "따라서 철학이

---

i Éric Alliez, Tarde et le problème de la constitution, In: Gabriel Tarde, 《Monadologie et sociologie》, Paris, Institut synthélabo, 1999, p.9.

어떤 의미에서는 과학의 시작과 끝이다. 모든 과학에는 전날의 철학의 흔적과 내일의 철학의 씨앗이 있다. 모든 과학은 그보다 앞서 나타나 자신을 감싸주는 어떤 철학적인 분위기에서 움직인다. 과학은 그 분위기를 호흡하면서 그것을 단단한 실체로 변화시킨다. [ … ] 그리고 모든 과학은 자신에게서 나오는 어떤 철학을 은밀히 안고 있다."[ii]

〈모나돌로지와 사회학〉은 과학이란 무엇이며, 과학으로서의 사회학이 어떠한 것인가에 대한 타르드의 철학적인 성찰이 담겨있는 글이다. 그는 사회학을 철학과 분리시켜 실증주의적인 과학으로 만들려는 당시의 흐름을 거스른다. 오히려 그는 존재론과 같은 형이상학적 담론을 자신의 사회이론 속에 기꺼이 끌어들인다. 그는 특히 라이프니츠의 모나드론이 당시 자연과학의 성과와 가장 잘 일치한다고 생각하면서 그 존재론적 함의를 자신의 철학 원리의 중심으로 삼는다. 타르드가 자신의 입장을 "신모나돌로지적 가설hypothèse néo-monadologique"[iii]이라고 말한 것은 그 때문이다.

## a. 세 가지 기본 원리

흔히 신모나돌로지라고 일컬어지는 타르드의 철학은 장 밀레Jean

---

ii Garbriel Tarde, 《Leçon d'ouverture d'un cours de philosophie moderne》, Paris, B. Giard & E. Brière, 1900, pp.4–8. 다음에서 재인용. José García Molina, Sociétés status nascendi. La constitution du social selon Gabriel Tarde, 《Sociétés》, 2010/4, n.110, p.120.

iii Gabriel Tarde, La sociologie élémentaire, In:《Écrits de psychologie sociale》, Toulouse, Edouard Privat, 1973, p.135.

Milet(《가브리엘 타르드와 역사철학Gabriel Tarde et la philosophie de l'histoire》, Paris, Vrin, 1970)에 따르면 세 가지 원리에 기초해 있다.

첫째, 존재의 존재발생적 차이화 원리다. 즉 차이가 모든 존재의 근원에 있다는 것이다. 타르드는 각각의 존재에는 그 존재만의 개별적인 특징이 있기 때문에 모든 존재가 서로 다르다고 생각하였다. 그리고 존재들 간의 동질성이란 사실 부분적인 유사이며, 이 같은 유사도 동화의 결과일 뿐이라고 주장하였다. 타르드의 이러한 생각은 이미 《모방의 법칙》에서 아주 분명하게 나타나 있다: "동질성이 아니라 이질성이 사물의 핵심에 있다. 무수히 많은 요소가 생겨날 때부터 함께 영원히 비슷한 것으로 공존한다는 생각만큼 거짓말 같고 터무니없는 것이 있는가? 사람들은 비슷하게 태어나는 것이 아니라 비슷해지는 것이다. 게다가 요소들의 내재적인 다양성이야말로 그것들의 변이 가능성을 증명해 줄 수 있는 유일한 것이 아니겠는가?

기꺼이 더 멀리 가보자. 이 최초의 근본적인 이질성이 없다면 그것을 다시 덮고 감추는 동질성은 결코 없었을 것이며, 또 있을 수도 없었을 것이다. 모든 동질성은 사실 부분들의 유사며, 모든 유사는 처음에는 개별적인 혁신이었던 것이 자발적으로든 강제적으로든 반복되면서 생겨난 동화의 결과이다."[iv]

둘째, 실재le réel의 무한소적 구성원리다. 타르드는 당시 생물학에

---

iv 가브리엘 타르드, 《모방의 법칙》, 이상률 옮김. 서울. 문예출판사. 2012. 114–115쪽.

서 세포와 미생물의 발견, 화학에서 원자와 전자의 발견 등 자연과학에서 발견한 미시적인 요소에 깊은 인상을 받았다. 타르드가 〈모나돌로지와 사회학〉을 다음과 같은 말로 시작한 것은 그러한 이유에서다: "라이프니츠의 딸들인 모나드들은 태어난 이후 계속 전진하였다. 과학자 자신도 모르는 사이에, 모나드들은 여러 독립된 길을 통해 현대 과학의 심장 속에 스며들고 있다. 주목할 만한 사실은, 라이프니츠적인 의미에서는 아니더라도 본질적인 점에서 이 위대한 가설에 함축된 모든 부차적인 가설이 과학적으로 증명되고 있다는 것이다"(이책 17쪽). 이어서 타르드는 다음과 같이 생각했다: "무한소로까지 향하는 이 경향을 멈추게 할 수 있는 방법은 없다. 무한소는 확실히 예상치 못한 것으로 우주 전체의 열쇠가 된다."(이 책 24쪽).

우리가 현실에서 보는 모든 것은 이 무한소에서 출발한다. 무한소는 서로 결합해 복합체가 되고 또 그러한 결합을 계속하면서 더 높은 차원의 복합체를 만들어간다: "모든 과학이 도달하는 마지막 요소, 즉 사회의 개인, 생물의 세포, 화학의 원자는 그 각각의 과학에서 볼 때만 마지막 것이다. 그것들 자체도 우리가 아는 것처럼 복합체다"(이책 22쪽). 따라서 우리가 무한소라고 말하는 작은 존재가 진정한 동인動因이며, 우리가 무한히 작다고 말하는 작은 변화가 진정한 행위다.

셋째, 가능태의 선존재先存在 원리다. 즉 실현된 것은 실현될 수 있는 것의 단편에 지나지 않는다는 것이다. 타르드는 현실태란 가능태의 한 경우로만 이해할 수 있고 또 무수히 많은 가능태와 관련해서만 설명할 수 있다고 생각했다. 현실의 사건은 발생하기 전에는 아무 것도 정해져 있지 않으며, 여러 가능성이 열려 있는 불확정 상태에 있다. 이 여러 가능성(즉 가능태)이 서로 다투다가 어떤 조건이 주어지면 그 중 하나가 현실태가 되는 것이다: "꽃을 피우는 모든 발명은 무수한 가능태, 즉 여러 가지 다른 가능태 중에서 실현된 하나의 가능태다. 이때 여러 가지 가능태 중에서라는 말은, 그 꽃을 피우는 발명의 모체가 되는 발명이 그 뱃속에서 지니고 있는 조건부의 필연성 중에서라는 의미다. 그리고 발명은 그것이 출현함으로써 이제부터는 그 가능태들의 대부분을 불가능하게 만들며, 그때까지는 가능하지 않았던 그 밖의 많은 발명을 가능하게 해준다."[v] 그리고 타르드의 다음과 같은 진술도 가능태의 선존재 원리의 또 다른 표현으로 이해할 수 있을 것이다: "각 사물의 밑바탕에는 실제로든 있을 수 있든 다른 모든 사물이 있다"(이 책 57쪽).

### b. 의심론psychomorphisme과 의사회론sociomorphisme

타르드는 자연과학에서 미시적인 요소에 점점 더 많은 중요성이 부여되는 것을 보면서, 결국에는 무한소가 우주 전체의 열쇠가 될 것이라고 생각하였다. 무한소란 무엇인가? 그것은 크기도 양도 없는 가설적인 실재다. 이것은 진짜 물질인가? 타르드는 물질로 볼 수 없다

---

v 같은 책, 82쪽.

고 생각하였다. 만약 그것이 물질이라면 연장(크기, 길이, 부피)이 있을 것이며, 그럴 경우 그것은 계속 분할될 수 있기 때문이다. 따라서 그는 무한소란 물질 이전의 것, 즉 비물질적인 것, 말하자면 어떤 정신적인 것일 수밖에 없다고 추측하였다. 그렇다면 다음과 같은 결론이 나오게 된다: "물질은 정신에 속하며 그 이상의 것이 아니다la matière est de l'esprit, rien de plus"(이 책 35쪽). 이러한 정신일원론은 타르드로 하여금 우주의 정신화la spiritualisation de l'univers를 시도하게 하면서 그를 보편적 의심론疑心論으로 이끈다. 보편적 의심론이란 물질이든 생물이든 인간이든 우주의 모든 것을 정신적인 존재로 생각한다는 것이다. 이때 타르드는 이 의심론이 의인론anthropomorphisme과는 다르다고 말하면서 그것과는 분명하게 구분지었다.

그런데 무한소는 어떤 원리에 따라 결합하며 커져가는가? 무한소는 물질이 아니기 때문에 물질의 원리를 따르지 않을 것이다. 그것은 정신적인 존재인 이상, 어떤 정신적인 원리에 따라 움직일 것이다. 타르드는 그 결합과 확대의 원리로 믿음과 욕망이라는 두 개의 정신적인 힘을 제시한다. 믿음은 개체들에 결합을 가져다 주며 그 결합을 유지하고 공고하게 하는 힘이다. 욕망은 각각의 개체가 자신을 확대하는 힘이다. 믿음이 정적인 힘이라면, 욕망은 동적인 힘이다. 이 같은 믿음과 욕망의 두 힘이 무한소에서부터 물질(원자), 생물(세포), 사회(개인)에 이르기까지 그 모든 것을 결합하고 확대시킨다. 이러한 논리를 따를 경우, 개체는 자기 안에 동인動因을 지닌 자율적인 존재가 되며, 개체들의 결합체 즉 복합체는 사회가 된다. 따라서 타르드는 서슴없이 다음과 같이 말할 수 있었다: "모든 사물은 사회이며, 모든 현상은 사회적 사실이다Toute chose est une société, tout phénomène est un fait social"(이 책 58쪽). 이것은 세포 간의 결합이든, 원자 간의 결합이든, 인간 간의 결합이든 결합된 것이면 그 모든 것을 사회로 보는 의사회론疑社會論의 표명이다.

타르드가 이처럼 사회 개념을 확대한 데에는 자연과 인간사회 사이에 오래 전부터 세워진 장벽을 부수려는 의도가 있었던 것이 분명하다. 그는 자신의 이러한 입장을 보편사회학적 관점point de vue sociologique universel이라고도 불렀는데 이는 인간사회의 과학으로서의 사회학 즉 그가 일반사회학sociologie generale이라고 말한 것과 구분 짓기 위해서였다. 하지만 그는 자신의 보편사회학적 관점에 대해 당시의 철학자나 사회과학자들이 어떤 반응을 보일지도 조금은 예상한 것 같다. 그래서 그는 다음과 같은 말로 미리 방어벽을 쌓았다: "조롱당할까 두려워하는 것이 가장 반反철학적인 감정이 될 것이다"(이 책 69쪽). 타르드는 일찍이 "사회과학에서는 혁명적이 되어라, 그러나 정치나 범죄재판에서는 보수적이 되어라soyez révolutionnaire en science sociale, mais conservateur en politique ou en justice criminelle"[vi]라고 말한 바 있는데, 그가 당시로서는 받아들여지기 힘든 (오늘날에도 그렇겠지만) 그 같

---

vi Marcel Fournier, 《Émile Durkheim (1857–1917)》, Paris, Fayard, 2007, p.76.

은 보편사회학적 관점을 당당하게 내세운 것을 보면, 그는 사회과학의 혁명가가 되고 싶어했던 것 같다.

## c. 소유의 철학

앞에서 본 것처럼 타르드는 존재의 궁극적인 실체가 무한소, 즉 모나드라고 생각하였다. 그렇다면 모나드 간에 어떤 관계가 있는가? 라이프니츠의 모나드들은 닫혀 있고 서로 독립된 존재지만, 타르드의 모나드들은 열려 있으며 서로 침투한다: "라이프니츠는 닫힌 모나드라는 자신의 생각을 보완하기 위해, 그 각각의 모나드를 어두운 방으로 보고 거기에서는 다른 모나드들의 세계 전체가 축소된 형태로 또 어떤 특별한 관점에서 그려져 있다고 생각하였다 … [중략] … 우리는 서로 무관하기는커녕 오히려 서로 상호침투하는 열린 모나드들을 생각해 내면 그 수수께끼들이 풀린다고 기대할 수 있는가? 나는 그렇다고 생각한다"(이 책 54~55쪽). 라이프니츠의 모나드들과는 달리 타르드의 "모나드들은 분명히 서로의 일부를 이루지만, 다소간에 서로에게 속할 수 있다. 그리고 그 각각은 최고도의 소유를 갈망한다. 그래서 모나드들의 점차적인 집중화가 일어난다"(이 책 112쪽). 이와 같이 해서 모나드에서 모나드로의 소유 작용이 그것들 간의 기본적인 관계가 된다. 그렇다면 일방적인 소유든 상호적인 소유든 소유가 보편적인 사실이다.

이러한 인식을 기초로 해서 타르드는 소유의 철학la philosophie de

l'Avoir을 세우려고 한다: "모든 철학이 지금까지는 있다[…이다]Être라는 동사 위에 세워졌는데, 이에 대한 정의는 발견해야 할 현자의 돌인 것 같았다. 모든 철학이 갖다Avoir라는 동사 위에 세워졌다면, 쓸데없는 많은 논쟁이나 정신의 많은 제자리걸음을 피했을 것이라고 우리는 주장할 수 있다. 나는 있다[…이다]Je suis라는 이 원리는 아주 섬세함에도 불구하고, 거기서는 나의 존재 이외의 그 어떤 다른 존재도 이끌어낼 수 없다. 그러나 '나는 갖는다J'ai'라는 공리를 먼저 근본적인 사실로 가정하자"(이 책 102쪽).

타르드가 보기에, 있다l'être라는 개념 자체는 속이 비어 있는 추상적인 개념에 불과하다. 그 개념은 어떤 다른 존재의 속성/소유물을 통해서만 이해될 뿐이다: "있다être라는 동사는 어떤 때는 갖다avoir를 뜻하고, 어떤 때는 … 와 같다égaler를 뜻한다. '내 팔은 뜨겁다Mon bras est chaud'라는 말은 내 팔의 열이 내 팔의 속성/소유물이라는 것을 의미한다. 여기서 est[être의 3인칭 단수형]는 a[avoir의 3인칭 단수형]를 뜻한다. '프랑스인은 유럽인이다Un Français est un Européen.미터는 길이의 단위다le mètre est une mesure de longueur.' 여기서 est는 … 와 같다égale를 뜻한다. 그러나 이 같음égalité 자체는 그릇과 내용물의 관계, 종種과 유類의 관계, 아니 그 역逆에 불과하다. 즉 일종의 소유관계에 지나지 않는다. 따라서 있다être는 이 의미로 인해 갖다avoir로 환원될 수 있다"(이 책 103쪽).

요컨대, 존재 개념의 내용 모두가 근본적으로 소유 개념이라는 것이다. 그렇다면 "나는 생각한다. 그러므로 나는 존재한다cogito ergo sum" 대신에 "나는 욕망한다, 나는 믿는다. 그러므로 나는 갖는다Je désire, je crois, donc j'ai"라고 말할 수 있다고 타르드는 생각한다.

소유의 철학은 기존의 존재(동일성)철학이 본질적으로 불모不毛라는 것을 고발하는 철학적 의미만 있는 것이 아니다. 그것은 또한 사회의 생성과 변화를 소유의 관점에서 설명하는 사회학적 의미도 있다는 사실에 우리는 주목해야 한다: "사회란 무엇인가? 우리 관점에서는 사회를 다음과 같이 정의할 수 있을 것이다. 즉 사회란 각자가 대단히 다양한 형태로 다른 모든 사람을 상호적으로 소유하는 것이다. 옛날 법에서처럼 주인이 노예를 일방적으로 소유하는 것, 남편이 아내를 일방적으로 소유하는 것, 남편이 아내를 일방적으로 소유하는 것은 사회적 유대를 향한 첫 번째 발걸음에 불과하다. 문명화 덕분에 피소유자는 점차 소유자가 되며 소유자는 피소유자가 된다. 법의 평등성에 의해, 인민주권에 의해, 서비스의 공정한 교환에 의해 고대 노예제가 상호화되고 보편화되며 각각의 시민이 다른 시민들의 주인인 동시에 하인이 될 때까지 말이다"(이 책 101쪽). 이 인용문에서 말하는 일방적 소유la possession unilatérale에서 상호적 소유la possession réciproque로의 이행은 또한 타르드의 역사철학이기도 하다. 그는 인류의 역사가 도중에는 때때로 실패와 좌절을 겪는다 하더라도 결국은 세계 시민주의와 민주주의의 방향으로 나아간다고 본다. 그리고 타르드는 자신의 이러한 역사철학을 《미래사의 단편Fragment d'histoire future》(1896)이라는 역사 공상소설로 형상화했다.


## 3. 현재성

〈모나돌로지와 사회학〉은 최근 타르드의 재발견에서 중심에 있는 텍스트다. 이 글이 현재 타르드 논평가들 사이에서 뜨거운 관심의 대상으로 떠오르게 된 데는 프랑스의 과학기술학자 브뤼노 라투르의 논문 〈가브리엘 타르드와 사회적인 것의 종말〉의 공이 크다. 이 논문은 2002년에 영어로 처음 발표된 이후, 지금까지 독일어, 덴마크어, 스페인어, 터키어, 일본어로 번역되어 세계적으로 널리 읽혀지고 있다. 그는 이 논문에서 〈모나돌로지와 사회학〉과 행위자 연결망 이론Actor Network Theory의 연결점을 찾는 시도를 하면서, 타르드를 행위자 연결망 이론의 선구자로 내세웠다. 라투르는 그 후에도 《사회적인 것을 새로 짜맞추기. 행위자 연결망 이론 입문Reassembling the Social. An introduction to Actor-Network -Theory》(Oxford. Oxford University Press. 2005), 타르드의 《모나돌로지와 사회학》 독일어판 서문(2009), 〈타르드의 양화 사상Tarde's idea of quantification〉(Mattei Candea(ed.), 《The Social After Gabriel Tarde. Debates and Assessments, London/New York, Routledge, 2010, pp.145-162)》, 〈전체는 언제나 그 부분들보다 작다. 가브리엘 타르드의 모나드의 디지털 검증The whole is always smaller than its parts. A digital test of Gabriel Tarde's monads〉(British Journal of Sociology, vol. 63, n.4, 2012, pp.591-615)을 통해 타르드 사상의 현재성을 주장하고 있다.

라투르가 보기에는 타르드의 시대가 왔다. 오늘날에는 기술적인 네트워크가 구축되어 있어 타르드의 많은 주장이 경험적으로 올바르게 적용될 수 있기 때문이다. 즉 그는 현재의 디지털 세계가 타르드의 통찰이 옳다는 것을 입증한다고 보는 것이다. 다음이 그 하나의 예다: "만일 통계학이 지난 수년 전부터 해온 발전을 계속해 나간다면, 또 통계학이 우리에게 제공하는 정보들이 계속해서 더 완벽해지고 더 빨라지며 더 잘 정리되고 더 많아진다면, 진행 중에 있는 각각의 사회적 사실에서 이른바 자동적으로 어떤 수치가 새어나오는 때가 올지도 모를 것이다. 그때에는 수치가 일반인에게 계속 전달되는 통계표에 즉시 기록되고 도표로 일간신문을 통해 널리 퍼질 것이다. 그렇게 되면 우리는 사실상 게시판 앞에 서거나 신문을 읽을 때마다, 현재 사회 상태의 모든 세부사항(예를 들면 주식시장의 상승이나 하락, 이러저런 정당 지지율의 상승이나 하락, 이런저런 주의主義의 발전이나 쇠퇴 등)에 대한 통계 정보와 정확하면서도 종합된 자료로 둘러싸일 것이다."[vii]

물론 타르드 모나돌로지사상의 부활에 라투르 혼자 고군분투하는 것은 아니다. 이탈리아 출신으로 프랑스에서 활동하는 사회학자

---

vii 가브리엘 타르드, 《모방의 법칙》, 186쪽.

이자 철학자인 마우리치오 라차라토Maurizio Lazzarato도 타르드의 신모나돌로지를 도구상자로 이용해 현대 자본주의 체제에서의 기업 활동을 분석하는 흥미로운 시도를 하고 있다(그 자세한 내용은 다음을 보라. 《자본주의 혁명Les révolutions du capitalisme》, Paris, Les Empêcheurs de penser en rond, 2004, 제3장 기업과 신모나돌로지). 그리고 독일의 사회학자 크리스티안 보크와 우르스 스태헬리에 따르면, 철학자 페터 슬로터다이크Peter Sloterdijk도 그의 공간 프로젝트 세 번째 책《공간 3:거품 Sphären III:Schäume》(2004)에서 타르드를 많이 언급한다고 한다: "슬로터다이크의 프로젝트는 사회성의 공간적인 - 지형학적 및 지세학적인 - 측면을 증명하려는 대대적인 시도인데, 바로 이 점에서 그는 타르드가 자신과 생각이 비슷한 사상가라고 생각했다. 따라서 그는 모든 것이 사회라는 타르드의 주장에 힘차게 동의하며, 계속 논증한다: '그가 작은 단위들의 결합에 주의를 기울여, 일반적인 사회학들에 달라붙어 있는 공간 장님Raumblindheit을 막는 것은 사회이론에서 신모나돌로지적 접근방식의 미덕에 속한다' (2004:298쪽). 슬로터다이크와 타르드의 관계는 타르드가 국가나 도시를 수직으로 하늘로 뻗어나게 할 가능성에 대해 추론하는 《모나돌로지와 사회학》에서의 한 문구에서 더욱 분명해진다:

그러나 다음과 같은 일이 왜 있을 수 없는지 그 이유를 지적할 필요는 거의 없다. 나라가 넓고 높아 대기권의 호흡할 수 있는 범위를 훨씬 넘어서

도, 지구 표면은 아주 단단한 물질을 거의 제공하지 못하기 때문에, 도시
는 그처럼 수직 방향으로 발전하는 데 필요한 건축물을 짓지 못할 것이다
(이 책 63쪽. 다음에 인용되어 있다. Sloterdijk(2004):299쪽).

슬로터다이크에게는 이것이 '공간에서의 인간 공존의 정역학적, 형
태적 조건과 대기권의 조건을 곁눈질하면서 인간 결합체를 해석하는
사회과학 문헌에서 드문 곳 중 하나'다(2004:300쪽).[viii]

또한 독일의 사회학자 미카엘 쉴마이어는 타르드의 사회학을 생물
학주의, 유물론, 심리학주의, 사회학주의에 반대하는 "'하이브리드
행위'의 일종의 나노 사회학eine Art Nano-Soziologie 'hybrider Akte'으로 이해
하면서, 타르드의 계획이 막스 베버나 게오르크 지멜의 그것과 친화
성이 있다고 본다. 그러면서 그는 〈모나돌로지와 사회학〉을 소위 주
류사회학mainstream sociology과는 다른 또 하나의 사회학을 위한 "열쇠
가 되는 텍스트Schlüsseltext"로 읽을 수 있다고 주장한다.[ix] 스페인의
사회학자 호세 가르시아 몰리나는 보편적 의심론과 의사회론에 기초
한 타르드의 "소유의 존재론"이 사회의 출현에 대한 독창적인 지도 제
작법cartographie originelle을 나타낸다고 보면서, 그의 모나돌로지론을

---

viii Christian Borch und Urs Stäheli (Hg.), 《Soziologie der Nachahmung und des
Begehrens》, Frankfurt am Main, Suhrkamp, 2009, pp.34–35.

ix Michael Schillmeier, Jenseits der Kritik des Sozialen—Gabriel Tardes Neo-
Monadologie, In:Gabriel Tarde, 《Monadologie und Sociologie》, Frankfurt am Main,
Suhrkamp, 2009, pp.109–153.

철학에의 그리고 - 넓은 의미로는 - 결합체 사회학에의 위대한 기여라고 평가한다.[x]

　이와 같이 현재 이루어지고 있는 타르드 연구 상황을 보면, 몇몇 학자의 작업은 오랫동안 잊힌 사회학자의 사상에 대한 단순한 복원을 넘어섰다. 그들은 타르드의 사상을 새로운 사회학적 사고를 위한 디딤돌, 즉 새로운 이론 및 방법론의 발전을 위한 생산적인 출발점으로 삼고 있다. 그들이 앞으로도 어느 정도의 연구 성과를 낼지 또 그들의 연구가 세계 사회학계에서 어느 정도로 받아들여질지는 좀 더 지켜볼 필요가 있지만, 타르드의 사상에 사회를 새로운 관점에서 생각할 수 있는 실마리가 있다는 것은 분명한 사실인 것 같다.

---

x  José Garcia Molina, Sociétés status nascendi. La constitution du social selon Gabriel Tarde, 《Sociétés》, 2010/4 n.110, pp.119-128.

이 책은 프랑스의 사회학자 가브리엘 타르드의 저작《모나돌로지와 사회학Monadologie et sociologie》을 번역한 것이다. 타르드는 이 글의 원형이 되는 논문 〈모나드와 사회과학Les monades et la science sociale〉을 1893년《국제 사회학 잡지Revue internationale de sociologie》에 발표하였는데, 그 후 이 논문을 수정하고 〈모나돌로지와 사회학〉이라는 새로운 제목을 붙여《사회학 논문집Essais et mélanges sociologiques》(1895)에 재수록하였다. 여기서는 철학자 에릭 알리에즈Eric Alliez의 지휘 하에 타르드 저작집 발간팀이 하나의 책으로 내놓은 1999 판Institut Synthélabo을 번역의 대본으로 삼았다.

1960년대 말부터 타르드가 재평가된 이후, 타르드에 대한 논의는 주로《모방의 법칙》을 중심으로 해서 이루어졌다. 그리고 군중심리학이나 커뮤니케이션학에 종사하는 학자들은 《모방의 법칙》 외에 《여론과 군중》(1901)에도 관심을 기울였다. 그런데 타르드 저작집 발간팀은 제1차분 다섯 권을 내면서 《모나돌로지와 사회학》을 첫 번째 책으로 출간하였다. 분량도 많지 않은 논문인 《모나돌로지와 사회학》을 왜 하나의 책으로, 그것도 첫 번째 책으로 냈을까? 여기에는 저작집 발간팀의 의도가 있었을 것이다. 흔히 '모방의 사회학자'로 알려져 있는 타르드 사상의 동질다형적인polymorphe 성격을 분명하게 보여주기 위해서가 아니었나 하는 생각이 든다. 타르드가 재발견된 이후에도 타르드 논평가들은 타르드를 대체로 뒤르켐의 사회학과 관련해서 논의하였다. 이때 그들은 타르드를 보통 뒤르켐의 사회학과는 대척점에 서 있는 개인주의자 또는 심리학주의자로 묘사하였다. 하지만 저작집 발간팀은 그러한 인식이 타르드에 대한 오해라고 여겼고, 그 오해를 불식시키는 데 가장 적합한 텍스트가 바로 이 《모나돌로지와 사회학》이라고 판단한 것 같다. 전에도 그랬지만, 지금도 상당수의 사회학자들은 타르드를 논할 때 그들이 참고하는 텍스트는 대체로 《모방의 법칙》, 《여론과 군중》, 《사회법칙》이 세 권에 머무는 경우가 많다. 이럴 경우 그들은 사회학자 또는 사회심리학자로서의 타르드 사상은 얻을지 몰라도, 철학자로서의 타르드 사상은 놓치게 된다. 그러나 타르드에게는 철학이 없다면 사회학도 없다. 사회학이 철학에서 벗어나야 한다고 생각한 뒤르켐과는 달리, 타르드는 철학 없이는 사회학을 수행할 수 없다고 생각하였다. 이러한 점을 고려

한다면《모나돌로지와 사회학》은 타르드의 사상을 올바르게 이해하는 데 빠뜨려서는 안 되는 필수적인 문헌으로 우리에게 다가온다. 이제는《모나돌로지와 사회학》을 그의 사상의 강령서<sub>Programmschrift</sub>로 보는 이도 있을 정도다. 타르드의 중요성도 그의 모나돌로지론과 관련해서 더 크게 부각되고 있다. 최근에는 타르드를 '분자적인 또는 미시물리적인 사회학의 창시자'로 볼 수 있다는 주장도 나오고 있다. 타르드는 더 이상 과거의 인물이 아니다. 그는 현재의 사회학자인 동시에 미래의 사상가다. 그에게는 오랫동안 '잊힌 사회학자'라는 꼬리표가 붙어 다녔다. 하지만 지금은 다르다. 새로운 사회학적 사고를 위한 출발점으로서, 대안적인 사회이론의 선구자로서 그를 주목하는 학자들이 점점 늘어나고 있다. 이제 다시 라투르의 말을 상기해보자: "20세기에는 완전한 패배를 당할 수밖에 없었고 어떤 의의도 없었지만, 21세기에는 어떠한 것도 타르드가 그 모든 영향력을 펼치는 것을 막지 못할 것이다."

2014년 8월

이상률

# 모나돌로지와 사회학

초판 1쇄 인쇄 2015년 1월 10일
초판 1쇄 발행 2015년 1월 20일

지은이 가브리엘 타르드
옮긴이 이상률
펴낸곳 이책
펴낸이 이종률

주소 (139-785) 서울시 노원구 동일로207길 18, 103-706(중계동, 중계그린아파트)
전화 02-957-3717
팩스 02-957-3718
전자우편 echaek@gmail.com
출판등록 2013년 2월 18일 제25100-2014-000069호

편집·디자인 (주)네오북
인쇄·제본 (주)상지사피앤비
종이 (주)에스에이치페이퍼

ISBN 979-11-950725-8-3 93300